网络零售市场产品竞争策略研究

——基于供应链理论视角

张娟 ◎ 著

中国财经出版传媒集团
经济科学出版社
Economic Science Press

图书在版编目（CIP）数据

网络零售市场产品竞争策略研究：基于供应链理论视角/张娟著.—北京：经济科学出版社，2020.8
ISBN 978-7-5218-1761-4

Ⅰ.①网… Ⅱ.①张… Ⅲ.①网络营销-市场竞争-产品策略-研究 Ⅳ.①F713.365.2

中国版本图书馆CIP数据核字（2020）第143838号

责任编辑：崔新艳
责任校对：王苗苗
责任印制：李　鹏　范　艳

网络零售市场产品竞争策略研究
——基于供应链理论视角
张　娟　著
经济科学出版社出版、发行　新华书店经销
社址：北京市海淀区阜成路甲28号　邮编：100142
经管中心电话：010-88191335　发行部电话：010-88191522
网址：www.esp.com.cn
电子邮箱：espcxy@126.com
天猫网店：经济科学出版社旗舰店
网址：http://jjkxcbs.tmall.com
北京季蜂印刷有限公司印装
880×1230　32开　6.25印张　170000字
2020年12月第1版　2020年12月第1次印刷
ISBN 978-7-5218-1761-4　定价：36.00元
（图书出现印装问题，本社负责调换。电话：010-88191510）

序

随着电子商务的飞速发展，消费者越来越青睐网络购物，由此，网络零售市场竞争问题也成为当今研究的热点问题。已有文献较侧重于厂商之间竞争关系的研究，且多基于价格决定需求的实体市场经济理论，而网络市场的虚拟性以及消费者需求的易变性，必然使得市场需求转向由受多因素影响的网购消费者效用来决定。不同类型产品如何参与市场竞争，是由产品本身的特性以及消费者的市场反应决定的，且网络市场供应链成员也从厂商和消费者扩大到平台提供商，使得虚拟环境下的网络市场竞争情况变得更为复杂。为此，本书在借鉴已有研究成果的基础上，将网络零售市场纳入整体理论分析框架，以网购消费者效用为主线，从供应链视角重新审视和分析市场竞争特点，拓展和改进已有市场竞争策略模型，运用博弈论等方法，对网络零售市场竞争策略问题进行深入研究。

克莱因（Klein，1998）最早开始探索适宜网络销售的产品类型，随着时代的发展，适宜网络市场销售的产品种类不断增多，但鲜有学者对此进行细致的研究。本书首先从研究适宜网络市场销售的产品类型入手，将目前适宜网络销售的产品分为同质品和差异化产品两大类，又将差异化产品分为水平差异化产品和垂直差异化产品，且将垂直差异化产品进一步细分为异质品和存在再制造品的消耗品，基本涵盖了网络零售市场的产品类型。然后，针对不同类型产品的市场竞争特点展开研究，本书的研究工作和相关结论主要包括以下几个方面。

（1）由于销售渠道是所有厂商极为关注的重要问题之一，所以，本书首先研究产品网络销售渠道选择策略问题，通过分析虚拟网络市场产品渠道销售的特点，构建渠道差异化参数模型，运用博弈论和约束规划等方法，对各种渠道竞争策略进行对比分析，并给出不同渠道差异化条件下的渠道策略优劣排序，为厂商选择适宜的网络渠道策略销售商品提供一定的参考。

（2）在同质品网络零售市场竞争策略问题研究中，首先依据制造商、网络零售商和网购消费者的市场竞争特点构建网络市场竞争模型，运用博弈论方法，从个体理性和联合理性视角对比分析，得出了集中决策供应链收益优于分散决策供应链收益的结论，并进一步研究了集中决策利润的“合理”分配以及同质品“价格战”的内在机理问题，并提出了一种同质品价格恶性竞争的解决方案。

（3）为解决同质品价格恶性竞争的问题，在虚拟市场的“流”理论基础上，将心流体验作为水平差异化参数引入模型，并将其拓展为流理论豪特林模型，通过对水平差异化参数的变化分析得出：产品水平差异化参数的相对大小决定了产品市场竞争的格局，且水平差异化参数较大的产品更具有市场竞争优势，其产品价格可以在较大范围调整，厂商可以通过调整价格获得更多利益，也可以以低价格占领市场。这一策略的提出，为生产和销售同质品厂商参与市场竞争提供了一种新思路。

（4）在异质品的市场竞争策略研究中，充分将产品质量和网络市场虚拟性特点紧密结合，从厂商集中决策和分散决策的对比分析得出：在电子商务法律法规不够健全、网络市场生态环境不够良好的情况下，销售高低质量不同产品的厂商难以合谋，且销售低质量产品的厂商采取不合谋策略，可以将销售高质量产品的厂商“挤出”市场，造成“劣币驱逐良币”的局面，得出异质品网络市场存在低质量优势的结论，并给出了生产和销售高质量产品厂商开展市场竞争的策略建议。

（5）存在再制造品的消耗品网络市场竞争策略问题研究中，根据这类产品受其对应耐用品的耐用度和兼容性等的影响，本书首先从分析耐用品市场竞争入手，确定厂商在耐用品市场的份额，然后考察其消耗品的两期生产状况，并运用消费者市场细分理论，研究得出：厂商可以通过价格策略获取更多利润，但并非价格越高获利越多，尤其是再制造消耗品不宜定价过高。也就是说，在该市场中，再制造消耗品适宜以低价格策略抢占市场，实现薄利多销；而新消耗品可以选择适度的价格策略，以便保持高品质消费者人群。

（6）平台提供商作为为销售商和消费者提供网络平台交易服务的供应链成员，其身份具有二重性。一是作为市场经济参与者，有获取利润的要求；二是作为市场经营秩序的监督者和管理者，有义务维护网络市场的良好经营秩序。

随着平台产业的发展，平台之间的竞争日益加剧，平台提供商作为企业，盈利是其最终目的。在借鉴已有双边市场理论和网络外部性理论的基础上，通过引入平台可控参数，运用博弈论方法分析平台之间的竞争关系，研究得出：组间网络外部性，削弱了平台的盈利能力，而平台提供商提高可控参数值，能提高其盈利能力；并进一步将模型放入实际市场中进一步修正，使之更加符合网络市场竞争的实际。

由于平台市场中存在大量失信的网商，严重扰乱了网络市场的正常经营秩序。在网商失信的平台治理策略研究中，创新性地运用演化博弈方法，通过演化动态分析得出：网络市场系统演化过程和稳定策略受系统初始状态影响，相关参数的变化对平台提供商治理策略产生一定的影响，并给出了平台提供商市场治理参数的阀值，且治理参数值的大小，对不法网商具有一定的震慑作用，对稳定平台市场经营秩序具有一定的积极影响。

总之，网络零售产品市场竞争策略的研究成果，对制造商、网络零售商和平台提供商等参与市场竞争提供了一定的理论指导，为减少产品市场价格恶性竞争，提高产品市场竞争力，维护良好的网络零售市场生态环境，具有一定的借鉴意义。

目录
CONTENTS

第1章　导论 / 1

1.1　研究背景 / 1

1.2　研究目标与意义 / 6

1.3　研究内容 / 8

1.4　主要创新点 / 10

第2章　文献综述 / 12

2.1　电子商务与网络零售 / 12

2.2　同质品和差异化产品 / 24

2.3　供应链理论及研究述评 / 33

2.4　博弈论理论及应用 / 43

2.5　本章小结 / 48

第3章　产品网络销售渠道选择策略研究 / 49

3.1　引言 / 49

3.2　基于差别化参数的渠道模型建立 / 51

3.3　模型求解 / 53

3.4　渠道策略分析 / 60

3.5 本章小结 / 66

第4章 **同质品网络零售市场竞争策略研究** / 68
4.1 引言 / 68
4.2 基于敏感参数的同质品市场竞争模型建立 / 69
4.3 同质品市场竞争策略研究 / 70
4.4 集中决策利润的“合理”分配 / 74
4.5 算例分析 / 81
4.6 本章小结 / 84

第5章 **同质品网络市场价格恶性竞争问题解决方案研究**
——利用产品的水平差异化特征 / 85
5.1 引言 / 85
5.2 基于水平差异化参数的同质品市场竞争模型建立 / 87
5.3 模型求解 / 89
5.4 市场竞争分析 / 91
5.5 算例分析与模拟仿真 / 94
5.6 本章小结 / 99

第6章 **异质品网络零售市场竞争策略研究** / 101
6.1 引言 / 101
6.2 基于质量凸性参数的异质品市场竞争模型建立 / 102
6.3 异质品市场竞争策略 / 104
6.4 异质品市场竞争策略分析 / 109
6.5 本章小结 / 110

第 7 章　存在再制造品的消耗品网络零售市场竞争策略研究 / 112

7.1　引言 / 112

7.2　耐用品市场份额的确定 / 114

7.3　存在再制造品的消耗品市场竞争模型建立 / 116

7.4　消耗品市场细分 / 120

7.5　数值模拟与市场竞争分析 / 124

7.6　本章小结 / 130

第 8 章　平台提供商网络零售市场竞争策略研究 / 131

8.1　引言 / 131

8.2　平台提供商网络市场营利性研究 / 133

8.3　网商失信的平台治理策略研究 / 142

8.4　本章小结 / 160

第 9 章　结论与展望 / 161

9.1　结论 / 161

9.2　展望 / 163

参考文献 / 165

第1章　导　论

1.1　研究背景

随着互联网的普及，电子商务作为一种新兴的交易模式，在给人们带来前所未有的消费体验的同时，也逐渐改变着社会经济的发展方式。电子商务是以信息技术为手段，以商品交换为中心的商务活动，它是以实现买卖双方网上交易和支付，以及各种商务、金融活动等为一体的新型商业运营模式。

电子商务可分为C2C、B2C、B2B、B2G和O2O等模式，特别是随着移动电子设备的不断普及，利用手机、PDA等移动终端设备的电子商务活动得到了长足发展，它将互联网技术、移动通信技术以及其他信息处理技术相结合，使人们不受时空的限制，可以在任何时间、任何地点进行商务活动。数据统计显示，当今世界总人口76亿，网民总数已达45亿，[①] 网民中已有超过2/3的人至少拥有一台设备接入互联网，移动互联网的渗透率已达68%，全球网民的平均上网时间已经达到6小时/天，世界网民中已有半数人至少有一次网络购买的经历。[②] 显然，互联网的普及和移动终端设备的广

---

① 整理Statista公布的研究数据而得。

② 电子商务研究中心《2019年全球电子商务数据报告》。

泛应用，为电子商务的发展提供了基础条件。2019 年，全球网络零售交易额达 3. 56 万亿美元，[①]我国在网络零售规模上世界排名第一，网络零售额已达 10. 63 万亿元人民币。[①] 可见，电子商务的零售市场空间巨大。如何在这个大“蛋糕”中分得尽可能多的份额，是企业界参与市场竞争的焦点，因此，有关网络零售市场的竞争问题值得我们深入研究。

网络零售一般包含 C2C 和 B2C 两种类型的电子商务形式。C2C 类型的电子商务是个人对个人的电子商务，如淘宝的 C2C、腾讯的拍拍网等。最早这类电子商务形式多是个人二手商品的销售，买方通过网络平台相关网页查询二手商品的信息资料（图片、视频、音频和说明文字等），买卖双方一般通过第三方平台（如淘宝的 C2C 通过支付宝，腾讯的拍拍网通过财付通）完成货款收付，最后由物流将商品送达买方。这种类型的电子商务个人卖家后来逐渐成长为较大规模的卖家，转变成企业组织形式。当前，仍然存在 C2C 电子商务形式，如某些跳蚤市场等，这里我们不做研究，我们主要研究影响较大的 B2C 类型的电子商务零售市场形式。

B2C 类型的电子商务，是商家对消费者的一种网络零售形式，它是由产品供应商（包括生产商、批发商和网络零售商）、网购消费者和网络平台提供商组成的，运用电脑、手机或其他终端设备，通过网络向消费者销售商品或提供服务的供应链组织形式，是一种较为复杂的市场组织形式。以 B2C 为代表的电子商务零售市场模式是传统零售与互联网技术相结合的产物，网络零售突破了传统零售的时空限制，给消费者提供便利的同时，极大地满足了消费者的个性化需求。传统零售业转型网络零售，已经成为零售业发展的主流，也是近年来电子商务领域研究的热点之一。

当前，基于电子商务的网络零售市场呈现以下特点。

（1）网络市场空间是虚拟的，它与实体市场特点不同，因此，

---

① www. http：//www. stats. gov. cn/.

完全运用传统实体市场经济理论难以解释网络市场的一些问题。

网络市场是基于互联网，实现产品（或服务）信息在线发布、产品（或服务）成交和支付电子化，是集计算机技术和通信技术等为一体的新型商务形式。网络市场中，产品提供商利用网络虚拟电子商店（电子目录），使消费者通过互联网选购自己心仪的产品。它的虚拟性反映在买卖双方互不谋面，且买方无法实地看到真实的商品，仅能通过卖方提供的产品图片、视频、声音和文字描述等数字信息了解产品，买方展示的商品信息是否存在虚假欺骗难以辨识；交易的达成也是在买卖双方互不谋面的基础上，通过网络完成的；支付过程也是通过网络实现电子支付。显然，网络市场的虚拟性在给消费者提供便利的同时，其内在的风险性不容忽视。

网络经济和传统经济不同，它具有自己的内在规律，比如它遵循自己特有的四大规律：摩尔定律、梅特卡夫法则、吉尔德定律和马太效应。摩尔定律指计算机芯片处理能力每十八个月翻一番，而价格则会减半；梅特卡夫法则指网络经济带来的价值等于网络节点数的 N^2，或者说网络扩张带来的经济利益随着用户量的增加呈现指数级增长的态势；吉尔德定律指通信系统的带宽会以每年三倍的速度增长，而价格不断降低，最后逐渐接近零（免费）；马太效应指网络经济参与者的心理和行为惯性，在一定条件下，优势和劣势一旦出现，且达到一定程度，便会不断加剧和自我强化，从而导致“强者恒强”的效应，实践证明，马太效应造成的往往是“赢者通吃，败者出局”的局面（张万民、王振友，2016）。网络经济的四大规律，不仅体现了网络经济的自我膨胀性，而且显示出其特有的内在规律性。

网络经济在诸多方面并不遵循传统经济的基本规律，比如，网络经济遵循边际效益递增规律，即随着规模的不断扩大，边际效益呈现出递增的趋势，这与传统经济规律的边际效益递减规律是不同的。这是因为，在传统物质产品生产中，生产要素——土地、劳动、资本都会随着边际成本的递增而边际效益递减；与此相反，网络经济中的边际成本递减是因为网站建设成本、信息传递成本长期来看与入网人数的多少无关，而只有信息收集处理成本会随着入网人数的增加而增加，但总体上，三者的平均成本和边际成本呈现出下降的趋势。根据网络经济的四大经济规律，特别是梅特卡夫法则，随着网络规模的扩大和节点数的增加，网络效益会随着网络用户数的增加呈现指数级增长，使得网络经济规模越大，网络总收益和边际收益越大，从而使网络经济呈现出边际效益递增的态势。

边际效益递增规律，难以用传统的经济规律进行解释。实际上，如果单纯按照实体市场经济规律研究网络市场而不深究网络市场与实体市场的差异性，难以对网络市场中的问题情景进行有效的模拟和解决。网络市场的虚拟性，以及买卖双方的特点发生了一定的变化，运用传统经济规律难以解释复杂的网络市场关系，更无法保证市场策略的有效性。从这个角度来说，建立考虑不同差异化产品特性和网购消费者偏好的市场竞争策略模型，模拟网络零售市场场景，更能体现网络市场竞争的特点。

（2）网络零售市场环境复杂，既受到实体市场因素的影响，也受到非实体市场因素的影响，如网络平台设计技术水平、销售商运用技术和服务给网购消费者的购物体验等。

电子商务的发展使得人们的消费习惯不断改变，消费者获取信息的渠道越来越多，消费者越来越成熟，这使得产品提供者面临的新问题也越来越多，信息的快速传播和需求的变异将会导致产品提供商市场策略的失灵。随着网络消费者日趋成熟，从消费者开始了解商品到购买商品的过程，是商家提供全方位服务的过程，而这种网络市场的服务与传统市场不同。在网络市场中，消费者通过互联网登录平台上商家的店铺，其间，不仅需要网络的通畅，还需要平台和销售商提供高水平的技术服务。消费者在使用网络中比较注重网店商品陈列分类是否合理、商品照片拍摄是否逼真、商品配音是否悦耳、商品文字介绍是否简单明了、消费者咨询是否能及时回复等，网购消费者往往会因为这些“体验”的好坏来决定购买与否，这与传统经济中产品陈列于货架之上供消费者看货挑选完全不同。因此，网购市场的技术优势越明显，相关服务越到位，消费者“体验”越好，成交的可能性越大。在网购市场中，充分考虑消费者“体验”，实质上是对传统市场影响因素的修正。

（3）网络零售供应链与传统供应链不同，由于它的复杂性特点，现有文献缺乏基于供应链整体视角的网络零售市场竞争策略问题的系统研究。

网络零售市场的参与者不仅有产品提供商、网购消费者，还有平台提供商，市场竞争价值取向呈现出一定的复杂性。在此供应链市场中，产品提供商的市场决策不仅受到产品需求方——网购消费者的偏好影响，还会受到产品不同特性等的影响。但原有的研究往往从单一产品入手，探讨产品提供商市场竞争策略问题。但实际上，产品类型是多样的，且网络零售供应链是一个整体，单纯从某个供应链成员入手探讨问题，难以解决供应链整体出现的问题。

（4）网络零售市场中，处于供应链重要环节的网络零售商信用缺失（失信），使得市场竞争问题更为复杂。

作为买方市场经济，网络零售市场中消费者需求的多样性、易变性是容易理解，这也是供应链研究的重要问题之一。但是，在网络零售市场中，作为卖方（网络零售商），在虚拟的网络市场中信用缺失问题是客观存在的，如“刷单”、以次充好等，且由于政府相关部门介入较困难，最终只会不了了之，这在实体市场中是较为少见的。由于这类问题的特殊性，且严重影响了网络市场的健康有序发展，因此有必要进行深入研究。对于网络零售商的失信问题，已有研究多从法律规范角度进行探讨，但法律法规在解决网络市场交易中的失信问题存在较多困难（如金额较小等原因）。为此，我们转换视角，从平台提供商视角对网络零售商失信问题进行治理，具有一定的可操作性。

总之，电子商务市场的蓬勃发展，带来机遇的同时也带来了诸多问题和挑战。当前，对于网络市场中零售供应链的研究较少，对不同类型产品也未加以区分，而不同类型产品的网络零售市场竞争策略往往不同。因此，在考虑不同类型产品特点的基础上，通过构建网络零售市场竞争策略理论分析框架，从供应链视角研究网络市场的竞争问题，可以有效地探究网络零售市场的竞争规律。本书作为供应链领域的研究范畴，正是基于此背景提出来的。

1.2 研究目标与意义

1.2.1 研究目标

针对网络零售市场的复杂性特点，为提高销售商参与市场竞争策略的科学性，弥补现有虚拟网络环境下供应链研究的不足，拟将网络零售供应链纳入整体分析框架，通过构建供应链市场模型，探求不同类型产品的市场竞争策略，以提高网络零售供应链市场竞争策略的科学性和可靠性。具体研究目标如下。

第一，在产品网络销售渠道选择策略研究中，通过构建基于差别化参数的网络销售渠道模型，运用博弈论和约束规划等方法，通过对比分析，拟解决厂商如何选择网络销售渠道的问题。

第二，在同质品的网络零售市场竞争策略分析中，不同于以往实体市场中实证研究对“价格战”现象的定性分析方法，通过构建市场竞争模型，运用合作博弈和非合作博弈理论分析探究同质品网络市场“价格战”的内在机理以及集中决策供应链利润的“合理”分配问题，并提出了一种同质品“价格战”的解决方案。

第三，针对同质品市场普遍存在的“价格战”问题，提出运用水平差异化策略，通过综合考虑网络的虚拟性和消费者在虚拟市场中的反应等特点，从理论上分析如何构建产品水平差异化特征；并运用博弈论方法，深入探讨如何运用产品水平差异化特征展开市场竞争的可能性及可操作性。

第四，针对异质品网络零售市场竞争策略问题，由于该类产品在实体市场中一般存在高质量产品优势，但在网络市场中由于市场虚拟性特点，消费者没有办法通过亲眼看到、亲手触摸到产品来感知产品质量，所以，其市场竞争与实体市场不同。为此，这里通过引入产品质量凸性参数，构建基于产品质量凸性参数等的市场竞争模型，以深入探究异质品网络零售市场竞争策略问题。

第五，存在再制造品的消耗品网络零售市场竞争策略研究中，由于该类产品一方面受其耐用品的耐用度和兼容性影响，另一方面该类产品存在再制造品，因此，拟从其耐用品市场份额确定入手，进一步解决该类产品网络零售市场竞争策略问题。

第六，为网商和网购消费者提供交易平台的平台提供商，其在网络市场竞争中具有二重身份。首先，作为企业，在双边市场理论基础上，拟解决其市场营利性问题；其次，作为网络市场的监督管理者，由于市场中网商失信问题的大量存在，在分析研究市场竞争规律的基础上，运用演化博弈方法，拟探究平台提供商的市场治理策略，以维护良好的网络市场运营环境问题。

1.2.2 研究意义

1. 理论意义

近年来，国内外学者对网络零售市场中的相关问题进行了积极的研究和探索，取得了丰富的研究成果，但对不同类型产品的网络市场竞争策略往往不同这一问题关注较少。本书从此角度入手，从供应链视角，将网络零售市场竞争策略问题纳入整体分析框架，针对不同类型产品的网络零售市场竞争策略分别进行研究，该研究的主要结论可以在一定程度上丰富供应链管理的理论体系，对拓宽网络零售供应链的研究范围，具有一定的理论参考价值。

2. 实践价值

本书的研究成果，对网络零售供应链成员如何制定自己的市场竞争策略具有一定的指导作用，其实践价值主要体现在：本书将网络零售供应链纳入整体分析框架，通过构建市场竞争模型，运用博弈论和约束规划等方法，探索产品的网络销售渠道选择问题，产品同质化条件下的市场竞争策略问题，解决同质品销售中“价格战”的策略问题，解决异质品和存在再制造品的消耗品市场竞争策略问题，以及平台提供商参与网络市场竞争的策略问题等。本书的工作主要有助于网络零售供应链有关成员，特别是网络销售商根据网络市场虚拟性和不同的产品特性，选择适宜的网络市场竞争策略参与市场竞争，抢占市场，获取竞争优势，具有一定的实践价值。

1.3 研究内容

在充分考虑所研究问题的时代背景和网络市场虚拟性特点条件下，本书拟从以下几个方面进行研究。

(1) 文献研究。本书主要运用了电子商务、网络零售、供应链和博弈论等相关概念，对每一概念所涉及的理论，综合国内外研究成果，在对成果进行分析评述的基础上，提出本书研究与以往研究的不同之处或改进之处。

(2) 产品网络零售渠道选择策略问题研究。在产品网络销售渠道选择策略问题研究中，通过引入渠道差别化参数，构建了网络零售市场渠道选择策略模型，运用博弈论和约束非线性规划等方法，对多种渠道策略进行对比分析，得到双渠道集中决策策略是占优策略的结论，并对各渠道策略优劣进行了排序。

(3) 同质品网络零售市场竞争策略问题研究。在同质品网络零售市场竞争策略问题研究中，首先根据同质品的特点，从网购消费者效用入手，通过构建基于价格敏感参数的市场竞争模型，运用合作博弈和非合作博弈理论方法，在分析同质品市场竞争特点的基础上，研究了同质品“价格战”的内在机理，进一步分析了厂商合作而不发生机会主义背叛条件下，集中决策利润的“合理分配”问题。

（4）同质品市场价格恶性竞争解决方案研究。为解决同质品市场价格恶性竞争问题，利用同质品的水平差异化特征，开展产品水平差异化的市场竞争。基于这类产品的特性，在豪特林模型基础上，构建基于“流”理论的水平差异化参数模型，通过对消费者市场细分的分析，研究了水平差异化特性对产品市场竞争策略的影响作用。

（5）异质品网络零售市场竞争策略问题研究。在异质品网络零售市场竞争策略问题研究中，通过对异质品网购消费者的效用分析，构建基于产品质量凸性参数的市场竞争模型，在个体理性和联合理性条件下，对比分析供应链集中决策和分散决策的结果表明，销售低质量产品的厂商更容易采取不合作分散决策策略，这样，其完全有可能将销售高质量产品的厂商“挤出”市场，形成“劣币驱逐良币”的市场态势，即网络市场存在产品低质量优势，并给出了生产高质量产品的厂商参与市场竞争的策略建议。

（6）存在再制造品的消耗品网络零售市场竞争策略问题研究。由于消费者只有在使用耐用品前提下才会选择使用对应的消耗品，所以，本部分首先从确定耐用品市场容量入手，在此基础上，探讨网络市场的消耗品两期生产中，即存在新消耗和再制造消耗品的情形下，运用消费者市场细分理论进行分析，探索其市场竞争策略问题，分别给出了再制造消耗品和新消耗品的市场竞争策略。

（7）平台提供商网络零售市场竞争策略问题研究。由于平台提供商的二重身份特性，首先，在平台提供商营利性分析中，构建基于双边市场理论和网络外部性理论等的平台市场竞争模型，并将模型放入实际网络市场中进一步修正，研究了相关参数变化对平台营利能力的影响作用；其次，在网商失信条件下，运用演化博弈方法，研究网络市场系统稳态的动态演化过程，得出平台提供商市场治理参数的阀值，当治理参数值足够大时，对失信网商具有一定的震慑作用，对维护良好的网络市场运营环境具有一定的积极作用。

(8) 结论与展望。此部分主要总结本书的研究内容，阐述研究的主要成果和结论。在分析研究不足之处的基础上，根据本书的研究成果，提出网络零售市场未来的可能发展方向。

1.4 主要创新点

在分析国内外最新研究成果时发现，现有研究较少涉及网络零售市场竞争策略问题，且对不同类型产品的网络零售市场竞争特点不同鲜有涉及。为此，本书从供应链视角，将网络零售市场竞争问题纳入整体分析框架，与以往研究相比，本书主要贡献在于拓展了网络零售供应链研究领域。与已有研究成果相比，本书的主要创新之处主要有以下几方面。

首先，将适宜网络零售的产品类型进行分类界定，对不同类型产品的不同特性有针对性地分别进行研究，这在以往研究中鲜有涉及。根据细分产品类型的特点，分别进行研究，更贴切、更符合所研究问题的性质，从研究思路上来说具有一定的创新性。

其次，以往研究多基于价格决定需求的实体市场经济理论，而网络市场的虚拟性以及消费者需求的易变性，加之网络供应链成员也从厂商和消费者扩大到平台提供商，使得市场竞争情况变得更为复杂。本书将网络零售供应链整体纳入分析框架，在借鉴已有研究成果的基础上，从网购消费者效用决定的市场需求入手，运用博弈论、约束规划等方法，对市场竞争策略问题进行研究，更符合现实网络零售市场竞争的实际。

最后，在借鉴已有双边市场理论和网络外部性理论的基础上，创新性地分析了虚拟市场供应链重要参与者——平台提供商身份的二重性，并依据其不同身份特性分别进行研究。一是对其市场营利性进行分析，并将其市场营利模型放入实际市场进行修正，使之更具有普遍适用性。二是将平台提供商作为市场监督管理者，创新性地运用演化博弈方法，探索网商失信的平台市场治理策略，对维护网络市场的良好经营秩序具有一定的积极作用。

第 2 章　文献综述

2.1　电子商务与网络零售

2.1.1　电子商务

当前，电子商务迅速发展，在给人们提供了便利的同时，也极大地提高了社会经济运行的效率，它正以一种全新的模式改变着人们的生产方式和生活习惯。

电子商务（electronic commerce，E－commerce）概念是由 IBM 公司于 1996 年首先提出来的，它是指“在互联网上以电子交易方式进行的商务活动”。1997 年，该公司又提出了“E－business”（electronic business）的概念，指出电子商务是“把买方、卖方、厂商和合作伙伴在企业内部网、企业外部网和互联网结合起来的应用”。商务活动流程的电子化，包括从企业内部到企业外部，从企业前端到后台的一切应用，它是以电子信息技术为手段的商务活动，是应用范围更广的概念，代表了当今电子商务的发展方向。

到目前为止，电子商务发展经历了两个重要阶段。

第一阶段，20 世纪 60～90 年代，基于电子数据交换（electronic data interchange，EDI）的电子商务。EDI 在 60 年代末产生于美国，它实现了信息的数字化传输和交换，大大减少了纸质票据的使用，也被称之为“无纸贸易”。这一阶段的 EDI 多是通过租用专用的 VAN（Value - Addle Network）来传输数据，开展贸易活动。

第二阶段，20 世纪 90 年代以来，基于互联网的电子商务。20 世纪 90 年代之后，互联网逐步向全社会开放，成为大众化的信息传播工具。1991 年，贸易活动正式通过互联网进行，基于互联网的电子商务由此获得了蓬勃发展的契机。

美国是全球电子商务的领导者，其电子商务的应用领域和规模远远领先于其他国家。当今，除美国、中国和德国等国家的电子商务发展比较成熟外，其他国家，如英国、法国、印度和俄罗斯等一大批国家尚未形成电子商务大市场。世界电子商务市场格局分散，也说明未来电子商务领域充满了无限商机。

电子商务的开放性能使它以最快捷的方式为客户提供产品和服务，同时，及时获取客户信息反馈，为企业提供了无限商机，极大地提高了企业的市场竞争力。各国政府纷纷采取措施，积极推进本国电子商务的发展。发达国家率先推出了促进电子商务发展的相关举措，如 1991 年，美国政府率先向公众开放互联网，并允许在互联网上开发商业应用系统。1996 年，美国两大信用卡国际组织，威士国际（VISA International）和万事达卡（Master Card International）共同制定了在互联网上进行安全交易的电子交易协议（secure electronic transaction，SET），并迅速在全球范围内推广。美国在 1997 年制定了《全球电子商务政策框架》，1998 年开始对电子商务免税，1999 年推出《统一电子交易法》，2002 年推出《电子商务签名法案》。欧盟、日本和韩国也积极发展电子商务。1997 年以来，欧盟先后推出了《欧洲电子商务行动方案》《欧盟电子签名的法律框架指南》《欧盟支持电子商务共同宣言》等。1999 年，日本推出了《通信监听法》，2001 年推出《IT 基本法》等文件。自 1999 年开始，韩国先后颁布了《电子商务框架法》《电子签名法》《电子商务用户保护法》《电子单证法》。自 1997 年以来，我国先后颁布了《关于加快电子商务发展的若干意见》《网络商品交易及有关服务行为管理暂行办法》《电子签名法》《互联网信息服务管理办法》等。1996 年，国际贸易法理事会（联合国）颁布了《电子商务示范法蓝本》，1998 年，世界贸易组织对外公布了《电子商务宣言》，1998 年，经济合作与发展组织在渥太华举行了主题为“无国界的世界——发挥全球电子商务潜力”的国际会议。各国政府和组织的积极举措，极大地促进了全球电子商务的发展。

由于电子商务属于新兴事物，其蓬勃发展也带来了很多以前从未遇到过的问题，引起了国内外学者的高度重视，学者们纷纷对电子商务发展中的诸多问题展开研究。

1. 电子商务法律法规方面的研究

美国电子商务不仅较发达，而且十分注重对电子商品信息的保护，设有专门的交易监督、知识产权、隐私保护及信息安全方面的法律法规，保证了市场主体行为的规范性（Carpio，2010）。多数发展中国家电子商务起步较晚，目前尚处于电子商务法律法规起草阶段，针对当前的实际，蒂瓦里（Tiwari，2020）从国际贸易的视角探讨了电子商务的复杂性及其对印度等发展中国家的影响。我国的电子商务法律法规还不够完善，尚处于探索阶段，但电子商务市场经济的飞速发展，迫切需要加快电子商务立法进程，不断完善相关法律法规，构建相应的电子商务法律体系，以有效保障电子商务健康有序发展（张洁，2016）。孟兆平（2016）提出，为了消除电子商务产业发展中的障碍，促进产业发展，未来的法律应采取综合法典的立法模式来确定法律的调整范围，以利于解决电子商务发展中的问题。针对电子商务中存在的大量道德失范问题，程洁（2016）提出，只有不断完善电子商务相关法律法规，规范电子商务企业行为，才能营造更加健康的电子商务环境。针对网络售假问题，沈玉忠（2018）提出了相应的法律应对措施，如建立线上线下相互协同的执法机制，引入惩罚赔偿机制等，以提高制假售假的成本等。

王卫东（2018）提出农村发展中的电子商务法律法规问题，他认为电子商务法律法规的零散化弱化了农民对电子商务的认知，目前亟待构建完善的农村电子商务法律体系。蒋倩等（2014）通过研究美国农业电子商务的先进模式，探究了中国农产品电子商务发展中亟待解决的问题，提出了相应的解决办法。

总体来说，由于基于电子商务的网络经济与实体市场经济存在巨大差异，使得有关电子商务法律法规方面的问题还需要做长期、深入的探索。

2. 电子商务征税问题的研究

电子商务对经济发展起到了积极的促进作用，但是，电子商务的虚拟性也使得传统模式的税务管理陷入困难，致使税收在实现税负公平和优化市场环境等方面的调控作用难以实现（王凤飞，2019）。而且我国电子商务行业的税负远低于线下实体经济（姚公安等，2018），企业税收负担越重，选择电子商务的概率越大，因为电子商务可以有效避税（陆施予和李光勤，2018）。因此，企业开展电子商务税负过低，显失公允，也造成了税收流失较严重。为了提供公平的市场竞争环境，对电子商务的税收管理规范有待改进，电子商务领域的税收政策和管理措施也有待进一步完善（谢波峰，2018）。为解决此类问题，张玉凯等（2018）对电子商务税收的复杂性、协同治理和税收征管等方面的问题进行了相关研究，得到了一些有意义的结论，在此基础上，李彦文（2018）以山东工商税务管理实践为例，提出了建立电子商务税收的相关立法问题，从法理层面确保电子商务征税有法可依，逐步推进电子商务税收管理规范化，从操作层面落实对电子商务税收的监督和管理。

有关跨境电子商务的税收问题，由于跨境电子商务突破了国家界限，至少牵扯两个或两个以上的税收管辖区，而不同税收主权国家税收原则不同（Salter，2002），这就需要国家之间的通力合作，单个国家根本不能解决跨境电子商务给税收征管带来的困难（Rifat，2002）。而跨境电子商务应着重强调税收的公平原则，这一原则既要体现个体纳税人之间的公平，也要强调国家之间的公平，为此，应加强税收信息的交流与合作，以实现国际间税收的协作与发展（苏为华等，2020；侯欢，2017）。目前，跨境电子商务发展速度远超过了现有相关监管法律制度订立或修改的速度，为此，我国应加快跨境电子商务立法进程，以提高税收征管的有效性和切实可操作性（张莉，2018）。另外，巴克彻（Bacache，2018）在跨境电子商务研究中，考察了网络购物对税收和税收竞争的影响，并将目的地税收与原产地税收进行了对比，认为按原产地原则对电子商务征税，税收竞争会减少，有助于小国扩大税收，从而导致税收趋同化。阿格拉瓦尔等（Agrawal et al.，2020）研究认为，技术创新对网络消费行为和企业将产生重大影响，并通过建立模型推理出交易成本的变化可能导致新的税收平衡，最终将传统供应商集中辖区的税收收入重新分配给其他地区，该模型适用于分析企业通过利润转移和重新安排两种方式应对高额税收问题，进一步说明了运用电子商务技术可能将税收收入从高税收地区重新转移到低税收地区。

目前，有关电子商务税收问题争议较大（特别是跨境电商的征税问题），还没有完善成型的电子商务税法可以借鉴，有关这方面的问题还需要作长期的探索。

3. 电子商务与物流协同问题的研究

有关电子商务与物流的协同发展方面，物流技术发达的欧美国家的物流理论认为，现代物流是生产、销售、物流和消费者的整个产品供应链物流过程的系统化，主要体现在20世纪90年代后出现的协同化物流。之后，第三方物流从电子商务企业中分离出来，在社会专业化分工中获得了规模经济效益，极大地促进了电子商务的发展。佩尔绍德（Persaud，2005）、莫甘蒂等（Morganti et al.，2014）通过电子商务与物流系统协同度的研究发现，电子商务与物流系统协同度增长速度较缓慢，但其协同发展趋势是一个上升的过程。王珍珍（2015）研究发现，电子商务企业与第三方物流企业协同演化系统受到外部环境、双方营利能力等的影响，只有通过降低协同发展的初始投入成本，增加一方违约的成本，才能使系统倾向于选择协同合作。张夏恒（2018）认为，跨境电商与跨境物流协同能够促进企业价值的最终实现，提出跨境电商与物流协同发展，才能推进我国跨境电商与跨境物流企业融入全球价值链体系，提高我国企业的国际竞争力。

罗杰斯和连布克（Rogers and Lembke，1999）研究了电子商务与逆向物流问题，认为通过缩短退货周期、完善库存管理等，能有效地促进电子商务和逆向物流的协同发展。

有关电子商务与物流的协同问题研究，学者们普遍认为协同有利于促进电子商务的发展。

4. 中小企业电子商务应用方面的研究

在中小企业电子商务应用方面，克莱因（Klein，1998）研究发现，并非所有的产品都适宜网络销售。胡芳和徐赟等（2017）研究发现，地区、产品和组织等因素影响中小企业开展电子商务活动。孙蕾等（2015）对电子商务现状及电子商务对中小企业跨境核心竞争力影响问题进行了研究。夏立明等（2015）、谢奉君（2015）对中小企业电子商务信用评价体系和信用担保机制问题进行了研究，取得了一些突破性的成果。张瑞娟（2015）对我国中小企业网络营销服务创新和建立良好的网络营销渠道等进行了研究，得出了一些有意义的结论。

有关中小企业电子商务应用的研究，学者们主要关注点在于电子商务如何促进中小企业市场竞争力，并在这方面取得了一定的研究成果。

总之，大量文献侧重于研究电子商务发展现状、电子商务法律法规、税收、物流、中小企业电子商务等方面的问题，这些研究对电子商务的发展起到了积极的促进作用。

2.1.2 网络零售

菲利普·科特勒提出，零售指向最终消费者直接销售商品和服务，以供其作个人及非商业性用途的活动。网络零售（e－Retail）也称网络购物，简单地说，是通过互联网或其他电子渠道，向消费者销售商品或提供服务的过程。这里，我们定义网络零售是产品提供商和网购消费者之间以互联网为媒介的交易活动，是买卖双方通过网络，实现交易信息的查询、交易与交付等的行为，[①] 包括 B2C 和 C2C 两种形式。网络零售的经营方式主要有两种：一种是纯网络零售业务形式，另一种是传统零售企业将业务与电子商务融合在一起开展网上零售业务的形式。

1994 年 8 月 11 日，NetMarket 公司的创始人声称，他们成功完成了世界上第一笔网络零售交易，斯汀（Sting）的专辑《朝圣者的传说》（*Ten Summoner's Tales*）是当今世界上第一件通过网络交易的商品，整个买卖过程通过加密技术保护。1998 年 3 月 18 日，我国实现了第一笔网络交易，中央电视台的王轲平先生通过中国银行，从世纪互联公司购买了十小时上网机时，他由此也成为我国通过互联网进行购物的第一人。之后，随着网络基础设施不断完善、计算机技术和通信技术不断提高，网络零售获得了长足发展。2015 年，我国网络零售市场发展出现了拐点，B2C 电商模式首次超过了 C2C 电商模式，占据 51.9% 的市场份额，成为网络零售市场的主体。[②] 网络购物作为一种新的消费方式，正以其便捷、时尚的特点吸引着越来越多的消费者。但网络购物方式异军突起的同时，也出现了网络欺骗、假冒伪劣充斥市场等问题，引起人们的重视。

网络零售中的参与者包括网络平台提供商、产品提供商和网购消费者。其中，网络平台提供商指为从事网络销售的企业或个人提供网络零售平台的平台运营商。产品提供商包括产品生产商和网络零售商，其中，产品生产商是进行产品生产的企业，网络零售商指

---

① 参见中国电子商务研究中心发布的《2009 年中国网络零售调查报告》的网络零售定义。

② 参见 2016 年 4 月 11 日中国国际电子商务中心与中华全国商业信息中心联合发布的《2015 年中国网络零售市场运行情况及未来展望》。

在网络平台上建立自己的店铺并销售产品或提供服务的企业或个人。网购消费者指通过网络平台购买产品或服务的消费者。不过，目前也存在双重身份的企业，比如京东等，他们不但自建平台为其他企业或个人提供销售平台服务，而且也通过自建的平台销售商品，因此，他们既是平台提供商也是网络零售商。

网络零售消除了时空的限制，它使消费者通过互联网即可完成购物过程，节省了时间，给消费者提供了便利。随着网络和移动终端的不断普及，网络零售业获得了飞速发展，特别是近年来，我国网络消费品零售总额连创新高，对促进我国经济增长发挥着越来越重要的作用。

当前，有关网络零售方面的研究主要集中在网络零售的发展现状及存在的问题、传统零售商如何开展网络零售、网络营销和网络品牌价值等方面。

1. 零售渠道形式的研究

随着手机等移动设备的普及，基于移动终端的零售模式获得飞速发展，零售渠道形式也进一步多元化，使得不同渠道的相互融合不断加强。学者们对企业零售渠道的研究，也从单一渠道发展到多渠道，再发展到全渠道，取得了丰富的研究成果。2011 年，里格比（Rigby）首先提出了零售全渠道概念，之后，布林约夫松、胡和拉赫曼（Brynjolfsson，Hu and Rahman，2013）提出了全渠道零售的框架，韦尔霍夫等（Verhoef et al.，2015）研究了多渠道零售向全渠道零售的变迁问题，并认为开辟直销渠道可以增加全渠道消费者的数量。帕特尔，谭和萨坦托等（Patel，Tan and Sutanto，2014）研究了数字技术对渠道整合的作用，庞等（Phang et al.，2014）进一步研究了企业如何实现不同渠道下，有关消费者数据和服务资源等的集成及有效使用问题。由于电子商务不断发展为线上和线下渠道相结合的模式，数据已经成为电子商务创新中的重要工具之一，蒂巴特（Thiebaut，2019）通过分析电子商务新规则和相关交易记录数据，提出一个能深入了解消费者行为的预测模型，运用该模型可有效提高消费者的线上购物体验。乔普拉等（Chopra et al.，2016）分析了线上下单线下提货（buy online and pick up in store，BOPS）策略对线上线下渠道成本的影响，而蔡兴林等（2018）认为企业线上线下渠道融合尚处于初级阶段，而且定制化产品技术落后，只有通过需求侧升级促进供给侧的变革，才能提升企业网络渠道的竞争力。费舍尔等（Fisher et al.，2019）研究了全渠道零售中，线上渠道的快速交货对渠道销售的影响，认为消费者倾向于线上购买实用产品，线下购买享乐产品，且不同渠道之间需求的迁移可以调整渠道间的流量，可以有效解决渠道单一造成的资源不均衡问题。

2016年10月，马云首次提出了“新零售”概念，他认为，新零售是企业以互联网为依托，运用大数据、人工智能等先进技术手段，通过商品的生产、流通与销售过程进行升级改造，进而重塑业态结构与生态圈，并对线上服务线下体验以及现代物流进行深度融合的零售新模式，只有线上和线下有效地融合在一起，才能产生新零售。

之后，赵树梅等（2017）对新零售的含义、本质及方向选择等进行了基本研究。杨坚争等（2018）以盒马鲜生和缤果盒子为例，提出建设社区式零售和新型购物中心，认为未来新零售将成为商业领域的一种新常态。德米尔坎等（Demirkan et al.，2014）认为，零售企业需建立系统的数据驱动销售框架，以便提升消费者服务体验。与之相似，佘碧蓉（2018）提出“新零售”应借助于大数据，充分挖掘用户需求，满足客户个性化需求，以提升客户体验。大量研究认为，网购消费者的消费体验是研发者设计产品的重要影响因素（Johnson et al.，2015）。董甜甜等（2018）通过分析研究实体书店的生存状态，提出实体书店应以数据为优势对读者行为进行挖掘，从而深入了解用户，实现用户的过程体验。周蓉蓉（2020）认为，新零售要以供应链为基础，线上线下相融合，从客户需求和渠道升级等方面实现新零售商业模式的转型与发展。

显然，学者们对于零售渠道的研究正由单渠道向全渠道纵深发展，并取得了一定的研究成果，为网络零售渠道的更深入研究提供了借鉴。

2. 电子商务营销方面的研究

如郭子琪等（2016）对电子商务渠道与传统渠道在营销上的冲突问题进行了研究，提出了解决电子商务渠道和传统渠道在营销冲突上的一些建设性意见。陈矩弘和舒仕斌（2018）认为，出版业开展电子商务直播营销具有一定的优势，具备较强的社会公信力和品牌认知度等，并探讨了出版业电子商务直播营销的主要模式，对出版企业开展电子商务直播营销提出了一些建设性的意见，比如，传统图书行业可以挖掘社会网络媒体的营销价值，并可运用位置技术对消费者开展具有针对性的营销。有学者认为全媒体营销将成为三网合一后构建新型商业模式的重要基础，并提出了全媒体营销的理论构架（黄升民和刘珊，2011）。王微微等（2018）对电子商务条件下农产品网络营销问题进行了研究，提出有关特色农产品网络营销的新举措，对促进农业电子商务的发展具有一定的促进作用。陈松等（2018）在电子商务对网络市场营销策略创新性影响等方面进行了研究。阳银娟（2017）以我国 190 多家制造企业作为研究对象，分析了企业电子商务营销能力和创新绩效的关系。南比桑等（Nambisan et al.，2017），谭等（Tan et al.，2018）研究认为，数字技术对企业营销能力、绩效及决策支持等方面具有积极的影响，基于此，萨利赫等（Saleh et al.，2019）通过提取影响交易的因素，如文化、技术和客户信息等，利用映射函数建立一个数学模型，以定量描述 B2C 电子商务中消费者社会价值指标之间的关系，该模型可以使企业利用数据分析来满足客户个性化需求，以提高企业的营销能力。法蒂玛（Fatima，2020）以 167 家国际企业为样本，构建了一个数字营销能力系统模型，运用市场感知、客户链接、客户保持、供应商关系和渠道连接能力等数据进行了市场营销能力分析，研究表明，营销数据对大企业绩效具有积极的影响作用，此结论对中小企业同样适用。

电子商务品牌价值是依靠价值链的传递来完成的，杰弗里等（Jeffrey et al.，1995）研究了电子商务品牌虚拟价值链问题。有学者认为，建立电子商务品牌是企业用来培育消费者品牌忠诚并与其他网络关联方保持战略伙伴关系的有效方法（Hollis，2005），网站品牌不仅能提供更多的关联信息，而且能更方便地与消费者进行互动。贾维尔等（Javier et al.，2017）运用欧洲某品牌内衣企业网站销售数据研究发现，网购消费者认知和忠诚度与产品的质量、创新性以及品牌价值声誉的感知等相关。基乌等（Chiu et al.，2020）在调查分析电子商务网站上的满意与回购意向时发现，电子商务品牌领导力感知因素——质量、品牌价值、创新性和受欢迎程度等对客户满意度有正向影响。当前，企业应充分利用数字媒介作为营销传播的主要沟通渠道，实施数字营销战略，从而完成品牌的不断创新（王亚炜，2014）。温韬（2015）认为企业品牌应运用移动互联网思维改进服务流程、成就口碑传播，不断整合线上线下渠道等品牌营销策略。针对日益盛行的网络直播，有学者对“网络直播+”模式进行了研究，认为企业要根据产品特质和品牌核心理念等选择不同的网络直播模式，以达到品牌宣传效果（杨琨和杨伟，2017）。随着自媒体的发展，有学者提出利用微信等自媒体平台巨大的客户量，通过不断提升自媒体专业水平，整合自媒体平台营销渠道，以实施自媒体品牌营销策略（吴亮和李国丽，2018）。

学者们普遍认为，开展网络营销，不断提高媒体专业水平，整合多种媒体平台营销渠道，有利于建立电子商务品牌价值，促进企业创新绩效的提高。

3. 产品网络零售价格的研究

在产品网络零售价格与实体零售价格比较方面，互联网正在促使以静态定价为主体的传统经济，向以静态和动态定价相结合为主体的新经济方向转变，如比希勒等（Bichler et al.，2002）根据二者定价机制的差异性，对静态和动态价格机制进行了比较。有学者认为，在电子商务环境下，企业在市场中采用单一的固定定价或简单的区别定价机制往往是低效率的（Weiss and Mehrotra，2001）。张利等（2018）在考虑消费者估价异质性和产品适应性等条件下，通过构建一个电子商务零售定价模型，对电子商务零售产品的定价问题进行相关了研究，并对零售商定价策略的制定提出了自己的建议。朱梦丽（2015）从消费者和网络零售商角度，构建了消费者主导下的动态定价模型，对固定与非固定门槛价格进行比较研究，分析了电子商务中采用动态定价策略的可行性，认为动态定价在电子商务市场的应用前景广阔。张大斌（2016）针对网络环境下消费者对价格歧视的抗拒，在考虑产品需求依赖于时间等因素条件下，提出了一种动态定价模型。徐青等（2016）通过模拟三级价格阶梯的动态团购模式，设计了网络团购行为的实验场景，研究了价格比较和虚幻控制感对参团者行为的影响作用。

在网络定价的影响问题研究方面，如郭惠玲（2014）通过对京东商城、国美商城、苏宁易购间价格战的研究认为，电商之间的价格战对供应链各环节都具有一定的危害，认为电子商务零售市场的价格竞争问题亟待规范。克等（Ke et al.，2017）研究发现，当消费者对网络直销渠道偏好程度增加，会对零售商定价产生影响。梁喜等（2018）也认为，消费者对网络零售商的偏好，会对线上线下零售价格产生重要影响，在一定条件下，网络零售商选择线下渠道相对于不选择线下渠道会更具有价格优势，而蔡兴林等（2018）对于线上渠道的引入更为审慎，他们认为，目前企业线上线下销售渠道融合尚处于初级阶段，而且定制化产品技术落后，只有通过需求侧升级促进供给侧的变革，才能提升企业产品网络零售的综合竞争力。纳瓦尔等（Narwal et al.，2019）研究了网络零售市场按需付费定价模式对消费者的影响，以及消费者对价格公平的感知问题。

由于定价的影响因素较多，学者们对电子商务零售产品定价问题的研究内容较为广泛。

2.2 同质品和差异化产品

2.2.1 同质品

同质品是在性质上难以彼此进行区分的产品，它一般指同类产品在性质、结构、功能、服务和质量等方面具有极大的相似性，一般而言，同质品在功能上具有很强的可替代性。

消费者在同类产品选购过程中，同质品由于其质量、功能性等难以区分，因此，容易被竞争对手的产品所替代。同质品如果是一般性产品，往往会造成产品之间的恶性价格竞争，而产品的同质化使产品难以同其他竞争性产品区分开来，因此此类产品的市场前景堪忧。

1. 同质品市场竞争方面的研究

有关同质品市场竞争的研究，主要集中在同质品价格竞争现象与原因方面的定性研究、同质品市场营销策略和产品品牌竞争方面的研究。如诸多学者对市场竞争的现象、同质品的“价格战”等问题进行了定性分析，探索其发生的原因和危害（Duan and Ma, 2017；尹剑峰和叶广宇，2017）。而实际上，“价格战”使得厂商降价或变相降价导致市场激烈竞争外，更为严重的是会导致厂商在产品生产中偷工减料，使假冒伪劣产品充斥市场的问题日趋严重（任方旭，2015；尹剑峰和叶广宇，2017）。

周霞（2016）在分析产品同质化过程中认为，同质化会使企业陷入“价格战”的泥潭，直接损害了企业的自身利益。不仅如此，产品同质化加剧了企业间的价格竞争，而企业间价格竞争的结果是，企业为降低产品价格、取得市场竞争优势而不得不降低成本，这种降低成本的后果是在生产中的偷工减料、以次充好，最终损害的还是消费者的利益。而大量同质化产品在市场中的激烈竞争，使得企业不惜以牺牲产品品质为代价进行价格竞争，最终导致整个行业陷入微利甚至亏本状态，阻碍了行业的发展。由此，她认为，生产同质化产品的企业应另辟蹊径，运用品牌差异化和营销传播创新等策略，尽可能消除同质化带来的危害，以促进行业内企业的良性发展。

为解决有关同质品“价格战”问题，学者们纷纷就同质品如何提高竞争优势，如何破解价格战困局等，提出了一些新思路。如马晓霞（2017）从分析产品同质化与消费者个性化需求冲突入手，探索了二者之间的平衡发展问题。

徐亚红（2016）等运用竞争优势理论、品牌营销等理论研究同质化产品的国际竞争策略时指出，企业只有通过建立自身竞争优势、培育产品品牌等才能最终在同质化产品的国际竞争中胜出（徐亚红，2016；王石林生，2017）。

总之，同质品的价格竞争问题是长期存在的，学者们对该现象进行了大量定性分析，但如何破解价格战的困局，目前还没有达成共识，有待于以后进一步研究。

2. 销售渠道选择问题的研究

在产品销售渠道选择方面，范霍夫等（Verhoef et al.，2007）通过对实体店和网店的比较研究提出，在消费者进行产品信息收集阶段，更多的消费者倾向于从多种渠道获取产品的相关信息，而不是从一个渠道获取产品信息，不过，最终是通过分析比较之后，再决定从何处购买产品，而当消费者有多种购物渠道可以选择时，会受到多种因素的影响，从而表现出较为复杂的消费行为。

也有观点认为，产品的多种销售渠道不仅可以使消费者有更多的选择机会，使消费者从多种渠道获取产品的相关信息，而且可以使消费者在购物过程中做出更加理性的判断。多渠道存在的条件下，消费者往往更容易更换零售商，而不是忠于某一个零售商，或者说，消费者的忠诚度可能会降低，这在一定程度上给零售商的市场经营策略提出了挑战（Verhoef et al.，2015）。

周利兵和钱慧敏（2015）利用李克特量表和回归模型实证研究得出，在产品成交阶段，约有57%的消费者选择网络购物，但仍然有约43%的消费者选择实体店购物，且从调查结果分析得出，消费者对传统购物渠道仍然保持较大的热情，当前，实体店和网店共存的二元渠道进行产品销售是可行的。

曾敏刚和王旭亮（2013）研究了电子商务环境下的双渠道供应链中制造商和零售商的渠道选择策略问题。申成然、熊中楷和晏伟（2014）针对部分消费者优先选择网络渠道购买商品的研究发现，网购消费者的存在使得零售商收益受损，以及引起渠道冲突加剧等。李芳和马鑫等（2020）研究政府规制对混合渠道各参与者的定价策略和效用影响时发现，政府最优规制水平下的收益费用共享契约可有效提高再制造品的竞争优势，协调后的闭环供应链利润达到集中决策标准，且各参与者的效益均得到了提升。

对销售渠道选择问题，多数学者集中在实体销售渠道的研究，以及实体渠道和网络渠道相结合的双渠道研究。

从以上文献梳理可以看出，相关研究着重分析了同质品的价格竞争、品牌策略、实体渠道和网络渠道的优劣，以及双渠道供应链的协调等问题，这些研究成果为后续研究提供了一定的理论基础。

2.2.2 差异化产品

一般而言，差异化产品，是指企业生产的在质量、性能、颜色、款式、口味等方面存在差异性的同类产品，差异化产品具有不完全替代性。产品差异化容易迎合不同消费者的偏好，使消费者很容易将某厂商的产品和其他竞争厂商的同类产品有效地区分开来，从而达到在激烈的市场竞争中占据有利地位的目的。

一般而言，产品差异化程度越低，或者说产品同质化程度越高，厂商之间的竞争越激烈，越容易出现产品销售困难和产能过剩的问题，而产品差异化程度越大，厂商之间的竞争压力一般会越小。

菲利普斯（Philips）最早将产品差异化划分为水平（横向）差异化（horizontal differentiation，HD）和垂直差异化（vertical differentiation，VD），他认为水平差异化指产品的颜色、款式、口味等的差异化，垂直差异化指产品质量和性能等的差异化。

1. 水平差异化

水平差异化是指产品没有质量、性能上的差异，但产品之间具有不同的特性，如颜色、款式、口味甚至距离等方面的差异，这与消费者偏好是分不开的。

网络环境的虚拟性与传统线下购买行为不同，网上购买行为更为复杂，消费者体验是一种消费者购买产品中的个人感受，它属于水平差异化范畴，消费者在选购商品过程中体验良好，就可能购买产品，体验不好一般不会购买产品。可以说，在网络市场中，消费者体验能直接影响网上购买行为的发生。因此，研究网络环境下消费者体验对其行为的影响，对厂商制定相应的市场竞争策略具有积极的意义。

当前，对于消费理论的研究主要有消费体验理论和“流”理论。消费体验理论对传统（实体市场经济）消费领域具有较高的理论价值，但在虚拟的网络环境下具有一定的局限性，而“流”理论的心流体验（flow experiment，FE）理论自提出以来，受到多领域学者的关注，它在解释网络消费者行为的情感和认知方面有着重要应用，被普遍认为是研究网络消费者购物体验的重要理论。

该理论最早产生于1975年，心理学家契克森米哈赖（Csikszentmihalyi，1975）首次提出心流体验的概念，他认为，心流体验是将个人精力完全投入某项活动中而无视其他事物存在的一种状态。且心流产生的同时会伴随高度的兴奋性、时间感扭曲和自我意识丧失等。他认为这些情绪源于人的内在意识，产生心流的活动有可能导致负面效果，虽然它能创造心灵秩序，提高生活品质，但由于上瘾，会使自我沦为某种特定秩序的俘虏，即引起人的“精神负熵”。通过对作曲家、运动员、极限运动爱好者的研究发现，当一个人对某项艰巨任务付出努力，把智力和体能发挥到极致时，往往会产生一种最优体验，即心流体验。他提出的心流体验九要素包括：明晰的目标、及时反馈、个人技能与任务或挑战相匹配、行为与意识相融合、专注、控制感、意识丧失、时间感扭曲、体验具有目的性。而且，只有技能和挑战相匹配，才能产生心流体验；反之，难以产生心流体验。霍夫曼等（Hoffman et al.，1996）首次将这一概念引入网络市场领域，构建了超媒体环境下的在线消费者心流体验概念模型，通过研究发现，心流体验是消费者在网络导航过程中的一种个体认知体验，具有人机交互和意识丧失等特征，且心流体验的产生只有在消费者注意力高度集中、任务或挑战与技能相匹配时，才会产生积极的体验或行动。佩斯（Pace，2004）进一步研究发现，网络背景下信息搜寻行为的心流体验具有排除干扰、愉悦感、时间感丧失等特征。由以上分析可知，在消费者网购过程中，设法使消费者产生较强的心流体验，对促进交易达成具有一定的积极作用，而这是传统消费者体验理论无法解决的。

目前，学术界关于心流体验分歧较大的是其构成维度问题。一些学者，如诺瓦克等（Novak et al.，2000）认为，心流体验是单维度的，并运用单维度测量法，测量出心流体验的强度和持续时间是正相关关系。戴顿等（Deighton et al.，1996）提出心流体验包含可接近性和反应性两个维度，不过，霍夫曼等（1996）却认为，心流体验包含交换和控制两个维度变量。麦克米兰（Mcmillan，2002）提出心流体验包括方向、控制和响应三个维度变量。有关心流体验的维度问题一直是学术界争论的焦点，而这些争论极大地促进了这一概念的发展。但无论怎样，学者们普遍认为心流体验的核心内容主要包括：专注、意识丧失、愉悦感和控制感等。

有关心流体验的研究方法，主要有通道模型法和实证研究法等，如契克森米哈赖（1975，1988）分别建立三通道模型和四通道模型对心流体验进行研究。有些学者通过构建结构方程模型，研究了消费者网络浏览时的心流体验问题（Novak and Hoffman et al.，2000）。也有学者使用数字化的经验取样法和因子分析法，研究了网络使用者产生心流体验的四个因素，即目标清晰、潜在控制感、及时回馈、行动与感觉统一。

有关心流体验的应用研究最早多集中在游戏领域，如刘等（Liu et al.，2016）通过对线上游戏玩家研究发现，游戏的易用性特点是提升玩家心流体验、获得乐趣和满足的重要因素之一。陶安和陈长彬（2020）认为，在企业 APP 流程设计中嵌入游戏化设计理念，可以影响消费者心流体验，提升消费者持续使用企业 APP 的意愿。针对有人提出上网可能使人感到孤独和沮丧，影响人的心理健康问题，有学者研究认为，Web 的应用可能通过心流体验激发人的愉快体验，进而提高个人的幸福感、满意度等，对人能产生积极影响，并提出应积极发掘网络的应用功能等（Chen，2000）。

此外，心流体验在教育、健康和商业等多个领域也得到了广泛的应用，如胡文渝（2012）等实证研究得出，心流体验可以提高消费者的购买意愿。查等（Zha et al.，2015）通过比较用户对网络数字图书馆和移动图书馆在心流体验方面的感知，探索了移动图书馆的未来发展前景问题。李等（Lee et al.，2017）采用结构方程模型研究发现，心流体验中的注意力和感知控制等影响消费者的功利价值，而注意力和认知享受会影响消费者的享乐价值，进而影响网购消费者的购买行为，且功利价值对满足感的影响大于享乐价值，而享乐价值对计划外购买行为有正向影响。胡梦婷和王峰（2020）运用交互设计方法研究发现，冰上运动 APP 为用户提供明确的阶段性目标、及时的反馈、技能与挑战平衡的学习任务，可以帮助用户获得更好的消费体验。

总之，学者们在心流体验的概念、构成维度及应用研究方面取得了丰富的研究成果，为之后的研究提供了一定的理论基础。

2. 垂直差异化

垂直差异化又称纵向差异化，指企业生产的产品在质量、性质、功能等方面具有一定的差异性，这种差异足以引发消费者不同的偏好，使消费者能够把该产品同其他竞争性企业提供的同类产品有效地区分开来，从而达到使企业在市场竞争中占据有利地位的目的。这里，我们从质量差异化产品（又称异质品）、存在再制造品的消耗品两个方面，对垂直差异化产品的网络市场竞争策略进行探讨。

（1）质量差异化产品方面的研究。质量差异化，指产品质量的差别化，多数消费者对产品的这一特性偏好具有一致性。一般而言，在实体市场中，理性消费者在相同价格下会选择高质量的产品，或者说质量差异化的存在会促使企业生产出比竞争对手质量更好的产品。在信息完全的情况下，消费者都会认可产品质量差异化特征。一般而言，在产品成本、价格相同的条件下，如果产品唯一的差异是质量的差异，那么，只有当低质量的产品售价比高质量产品的售价低时才能够售出；若高低质量产品的价格相同，低质量产品永远销售不出去，除非高质量产品销售一空，消费者没有别的选择。

穆萨和罗森（Muss and Rosen，1978）最早提出了产品质量差异化模型，该模型假设市场上存在高低质量不同的两种同类产品，通过研究发现，消费者对高质量产品具有一定的偏好。阿斯普勒蒙、加布舍维持奇和蒂斯（d'Aspremont，Gabszewicz and Thisse，1979）研究消费者收入与企业产品质量差异化策略之间的关系时发现，企业的产品质量差异化与消费者收入密切相关，当消费者收入差异较大时，企业采取产品质量最大差异化策略最有利。在产品差异化条件下，消费者个体行为对企业竞争策略具有一定的影响作用（Choudhary et al.，2005；Rhee et al.，2013）。不过，维埃拉（Vieira，2019）为分析制药行业的竞争问题，设计了包括成本领先、质量领先和差异化竞争策略模型，研究表明，在制药行业，成本领先策略的效果最好，质量领先策略效果次之，而差异化策略的效果再次之，因此，在不同的行业，应采用不同的竞争策略才是正确的选择。有学者在研究生产高低质量不同产品的企业间竞争时发现，由于企业采取不同的市场竞争模式，由此导致政府的最优政策（征税或补贴）选择不同（谢申祥，王孝松，2010）。全贞燕和闫冰（2018）通过案例分析发现，提高差异化消费者个体体验，可以促使产品质量的提升。有关产品价格收益方面的研究，有学者研究发现，在产品存在质量差异化条件下的双寡头市场竞争中，存在子博弈完美均衡解，可以得到最优市场价格（Mussa and Rosen，1978；田中，Tanaka，2001），而单一企业提供质量差异化产品时，可以通过市场定价策略获取最优利润（Parlaktürk，2012）。

在质量差异化产品的合谋竞争方面，兰贝蒂尼（Lambertinim，2000）研究了产品质量差异化的企业间如何维持合谋的问题。有学者认为，质量差异化更有利于厂商的合谋（Ross，1992），且产品越相似合谋越容易维持（Hackner，1994），且合谋定价更容易发生在具有质量差异化的产品之间（Chang，1999）。何慧爽（2012）研究认为，在产品的不同成本结构下，企业参与市场竞争的不同竞争类型对合谋稳定性具有一定的影响。汪敏达等（2019）认为，在没有信息披露与沟通时，垄断厂商之间也可能达成默契的合谋，通过进一步研究发现，有经验的厂商更可能进入轮流坐庄合谋，惩罚成本的上升并没有显著降低轮流坐庄合谋发生的频率；相反，提高了合谋的稳定性。

在网店和传统实体店并存的情况下，有学者研究发现，产品质量差异化会导致供应链竞争加剧，产品质量差异化对不同供应链成员的影响不同，在制造商占优条件下，通过扩大网络渠道的品牌影响力，可以获得更多利润，而零售商通过买断式采购等手段垄断销售时，更有利于自己获得高额利润（陈远高和刘南，2010）。祝虹（2018）通过建立基于双边市场理论的差异化定价模型研究发现，竞争性平台一般不会提供完全同质产品的统一定价策略，而是采用质量差异化竞争策略才能抢占市场，获取更多收益。

总之，在产品质量差异化方面，学者们从差异化质量的选择以及差异化产品的厂商合谋问题等方面进行了研究，虽然尚未形成一致的结论，但为进一步深入研究提供了一定的理论基础。

（2）差异化消耗品方面的研究。消费品市场分为耐用品市场和消耗品市场两大类，消费品市场与人们的生活息息相关，同时也与其他产品市场密切相关，是国民经济发展状况的集中反映。耐用品是指能多次使用、寿命较长的商品，如打印机、电视机、电冰箱、音响、电脑等。一般消费者购买这类商品时，决策较为慎重。生产这类商品的企业，要注重技术创新，提高产品质量，同时要做好售后服务，满足消费者的购后需求。消耗品（部件），泛指消耗频繁的配件类产品，比如打印机墨盒、IT 和数码设备日常运行维护所需要的材料等。

在耐用品问题上，科斯（Coase，1972）在《耐用品和垄断》一文中提出了著名的“科斯猜想”，详细描述了企业在经营中面临跨时期时间不一致的问题。有研究发现，以租代售和降低产品耐用度可以有效地消除耐用品跨时期时间不一致问题（Bulow，1982，1986）。有学者研究了产品价格与质保期、服务期变化关系的联合决策问题。有学者认为质保服务和延保服务均影响耐用品的市场销量（王轩和刘丽文，2015；马建华和艾兴政等，2015；何平和曹开颖，2016），且延保服务对产品最优定价和销量产生影响（王轩和刘丽文，2016），谭德庆等（2019）进一步研究发现，在耐用品延保服务最优定价下，质保期和延保期之间没有明显的相关关系。

有学者较早意识到耐用品受其互补品和替代品等的影响（Kuhn，1996，1998），耐用品厂商往往通过废弃耐用品中的部分附属部件来增加利润，这一类现象引起了学界的广泛关注。如有研究发现，当垄断厂商不断推出新产品时，企业有较大动机采取计划报废策略以获取更大的利益（Waldman，1993）。在耐用品与其消耗品问题上，高永全等（2014）研究认为，耐用品厂商采取易耗部件兼容策略的最优收益大于不兼容策略时的最优收益，降低耐用品的耐用度等，能增强对厂商的激励。而耐用品耐用度和易耗部件耐用度都会对均衡产量产生影响（苏昊，谭德庆和谭伟，2011）。西迪基等（Siddiqui et al.，2012）用描述统计法对200多个家庭的产品品牌偏好数据分析的结果表明，品牌代际影响在耐用品与消耗品的偏好结构方面有较明显的差异。

由文献研究看来，在耐用品和消耗品市场研究中，国内外学者从耐用度、延保期和兼容性等方面进行了相关研究，取得了一定的研究成果，为之后进一步研究奠定了理论基础。

2.3 供应链理论及研究述评

2.3.1 供应链

供应链的概念最早是从扩大的生产（extended production）概念发展而来，哈里森（Harrison）认为：供应链是执行采购原材料，将它们转换为中间产品和成品，并且将成品销售到用户的功能网链。史蒂文（Steven）认为：通过增值过程和分销渠道控制从供应商到用户的流就是供应链，它开始于供应的源点，结束于消费的终点。因此，供应链就是通过计划（plan）、获得（obtain）、存储（store）、分销（distribute）、服务（serve）等活动，在顾客和供应商之间形成的一种衔接（interface），从而使企业能够满足内外部顾客的需求。迈克尔·波特（Michael Porter）在企业价值链理论中指出：每一个企业都是在设计、生产、销售、发送和辅助其产品的过程中进行种种活动的集合体，所有这些活动可以用一个价值链来表明，当价值链理论的内涵突破企业内部边界而转向企业外部后，供应链理论就随之产生了。从价值链理论角度来看，任何企业都是价值链一系列与生产经营活动相关集合体的一部分，资源在企业内部和企业之间的不断流动过程，就是企业资源价值不断增值的过程。而现代企业的竞争优势不仅仅来自企业内部的价值链，还高度依赖与其相联系的企业外部价值链系统的整体协调程度。

供应链管理（supply chain management，SCM）理论发展早期受到美国、日本等发达国家的高度重视而获得了飞速发展。供应链管理是一种集成的管理思想和方法，它是指以最少成本，自供应链从采购开始到满足最终用户为止，使供应链运作达到利益最优化的整个过程。供应链管理的标准定义为："供应链管理是利用计算机网络技术全面规划供应链中的商流、物流、信息流、资金流等，并进行计划、组织、协调与控制等。"① 全球供应链论坛（Global Supply Chain Forum，GSCF）给出的供应链管理定义为："供应链管理是为消费者带来有价值的产品、服务以及信息的，从源头供应商到最终消费者的集成业务流程。"门泽尔（Mentzer）认为，供应链管理是对企业内部各业务部门间及企业间的职能，从整个供应链进行系统的、战略性的协调，目的是提高供应链及企业的长期绩效。我国学者马士华认为，供应链管理是通过前馈信息流和反馈的物流及信息流，将供应商、制造商、分销商、零售商直到最终用户连成一个整体的模式。著名的供应链管理专家马丁·克里斯托弗（Martin Christopher）认为，21 世纪的竞争不再是企业和企业之间的竞争，而是供应链和供应链之间的竞争。

供应链市场竞争策略问题主要包含供应链成员之间的不合作分散决策问题，以及供应链节点企业之间合作并共同分享增值利润问题。有关供应链市场竞争策略主要围绕供应链定价、渠道选择以及供应链协调问题等方面展开研究。

① 《中华人民共和国国家标准：物流术语》GB/T 18354—2001。

2.3.2 供应链定价研究

梳理近年来国内外供应链定价策略的文献，学者们主要围绕竞争、偏好和需求等因素影响下的供应链定价策略进行研究。

1. 质量、竞争和偏好等因素影响下供应链定价方面的研究

菲比希、加维斯和罗文格特（Fibich, Gavious and Lowengart, 2003）研究了不同竞争情况下的供应链定价问题，并给出了最优定价的解析解。韦伯斯特和翁（Webstera and Weng, 2008）研究了竞争条件下两级供应链的产品定价问题。一些学者研究了在不同竞争情景下的供应链定价问题。有学者们研究认为，在考虑个体公平偏好的影响因素（如个体因素和区域文化因素）下，个体对公平与否的认知结果具有稳定的个性反应（Huseman, 1987）。一些学者对美国和荷兰汽车经销商的研究发现，无论是优势还是劣势不公平，美国汽车经销商只关心劣势不公平，而荷兰汽车经销商对二者均会做出反应（Scheer et al, 2003）。显然，公平偏好具有个体性和区域性的特点。

国内学者主要对消费者期望、时间因素和消费者风险偏好等因素影响下的供应链定价问题进行研究。马士华和王福寿（2006）研究了时间价格敏感下，集中模式和分散模式下供应链的决策问题。林志炳（2020）分析了随机性参照价格下的供应链一致性定价策略问题，给出了集中和分散模型的均衡解，并设计了收益共享的协调契约。朱玉炜和徐琪（2013）通过建立定价模型，分析了消费者不同时间偏好对双渠道供应链收益的影响，并证明了该定价模型的有效性。有学者在对制造商、再制造商和零售商构成的闭环供应链研究中发现，制造商双向公平关切对新产品的批发价格和零售价格，再制造品的批发价格和零售价格的影响作用是依次递减的。罗新星和陈元元（2018）研究了考虑消费者风险偏好的供应链两阶段定价问题，结果表明，无论消费者风险偏好程度如何，供应链集中决策高于分散决策的总利润。有学者针对风险偏好对双渠道供应链决策的影响，建立了基于条件风险值准则的供应链决策模型，研究发现，根据不同的风险偏好，供应链成员会选取不同的定价策略。赵士南和徐海燕（2017）通过建立 GMCR 模型，解释了价格战背后制造商和零售商的市场行为，有效地预测了风险规避下双渠道供应链的价格冲突问题。

赵瑞娟和周建亨（2020）在线上线下双渠道供应链中考察了当消费者注重产品体验时，信息披露和信息不披露两种模式下制造商和零售商两期的定价策略问题。

马东升等（2019）在考虑消费者转换效率与相对产品效率条件下，通过构建销售差异化产品的竞争企业两周期动态定价模型，研究表明，基于行为的定价对竞争企业的收益产生影响，并分析了竞争企业的最优定价策略问题。

张翠华和李慧思（2020）认为，制造商入侵所引发的渠道价格等的竞争并没有得到零售商的普遍认可，大多数零售商视制造商入侵为一种威胁，制造商入侵供应链市场总能使自己获益，并且异质品入侵策略可以使制造商获利多于同质品入侵策略的获利，且制造商入侵供应链市场，零售商能否获益与其自身公平敏感性密切相关。

相关研究表明，质量差异化、偏好等多种因素对供应链定价都会产生一定的影响。

2. 需求依赖下的供应链定价问题研究

国外学者多从需求确定性依赖对供应链影响问题进行研究，如威汀（Whitin，1955）对需求依赖问题的研究。有学者分析了确定性需求下，具有参照价格效应的供应链定价问题（Geng，2010），有学者对需求依赖价格的报童问题进行了扩展性研究（Petruzzi and Dada，1999）。胡等（Hu et al.，2014）在加和型需求依赖价格模型条件下，研究了供应商订货时间和销售价格等变动时，零售商订货风险最小化的方法，有学者进一步研究了加和型、乘积型，以及更一般化的需求依赖函数模型，并对一般化模型下的最优定价策略进行了研究（Karlin and Carr，1962；Young，1978）。马哈帕特拉等（Mahapatra et al.，2017）通过分析采购价格波动的现货市场和价格确定的契约市场，在需求确定条件下，研究了风险规避型零售商的采购策略问题。有研究认为，制造商制定差异化批发价格策略能实现供应链的绩效改进（Jain and Seshadri et al.，2015）。罗哈斯（Rojas，2019）提出一个时间依赖需求的随机库存模型，研究了多变量多产品联合补货问题，认为这可以较好地实现多产品联合周期补货，比个别补货方式降低了成本和价格，提高了供应链的利润。

国内学者主要围绕需求信息等不确定条件下的供应链定价和契约设计等问题进行研究（王道平等，2016）。刘晓峰和黄沛（2009）通过对比分析了需求确定和不确定条件下厂商的库存与价格策略，结果表明，生产厂商根据市场上高价值和低价值消费者的构成，通过适当调整库存和定价策略，可以实现厂商利益的最大化。有学者在对一个两级供应链研究时发现，在需求不确定条件下，制造商利用共享收益契约诱导分销商从供应链收益最大化视角进行决策，从而可以提高整条供应链的收益水平（叶飞等，2005）。曾敏刚和王旭亮（2013）在需求不确定条件下，研究了双渠道供应链的动态定价策略和协调机制，通过分析集中决策和分散决策模式的特点，提出一个使制造商和零售商缓和渠道冲突、实现共赢的产品批发价格区间。黄孟丽和张玉林（2020）通过构建零售供应链竞争模型研究发现，当市场需求迁移现象显著和不显著时，消费者渠道倾向不同，从而影响不同渠道的定价和获利水平。

但斌等（2016）研究了需求不确定时，零售商信息共享水平和消费者服务敏感性等对信息共享价值的影响作用，结果表明，需求信息共享能够显著提高供应链的服务价值。

范辰和张琼思等（2020）针对生鲜类产品双渠道供应链的特殊性，在考虑供应商与传统零售商物流合作的基础上，研究发现，线上线下物流合作使得具有决策权的传统零售商在定价和利润分配中占有优势，且线上线下渠道整合可以有效扩大消费者群体，提高供应链的收益。

显然，无论需求确定和需求不确定，都会对供应链定价策略产生一定影响。

3. 网络渠道引入对定价的影响研究

布拉苏布曼尼亚（Balasuburamanian，1998）较早对双渠道供应链价格等问题进行了研究。之后，弗里贝格等（Friberg et al.，2000）运用市场中书籍和光盘的销售数据，研究了传统渠道和电子商务渠道下零售商的定价策略问题，结果发现，电子商务零售供应链中的产品零售价格普遍低于采用其他实体渠道销售的产品价格。有学者研究得出，产品纯网络零售渠道的价格通常低于网络渠道与传统零售渠道相结合的零售价格（Patel，2014）。有学者深入研究了制造商增加网络直销渠道后，两种销售渠道产品如何定价更有利的问题（Cattani and Gilland，2006）。

高洁（2018）分析了不同渠道结构下零售商增值服务水平和回收竞争强度对供应链中各成员最优策略的影响，研究发现，在三种不同模型下，零售商作为领导者的斯坦伯格博弈模型下的产品零售价格最高。王鑫等（2019）构建了混合渠道供应链两阶段定价模型，分析了不同销售策略参数对供应链最优定价策略的影响。卡雷等（Karray et al.，2017）研究发现，产品定价等对合作广告是否会被提供和被接受产生一定的影响。有学者研究发现，网络直销渠道的引入降低了产品价格，提高了产品的销售量和利润（Park and Keh，2003）。有学者对双渠道零售商的定价行为进行了研究，得到了双渠道零售商的最优定价和均衡利润（陈云和王浣尘等，2006；Liu and Zhang，2010）。艾莉亚等（Arya et al.，2007）研究了当制造商生产有成本优势而零售商有分销商品成本优势时，增加电子商务直销渠道，可以使产品价格更有竞争优势，并实现制造商与零售商收益的提升。严和裴（Yan and Pei，2009）研究认为，双渠道供应链协调有利于降低产品价格，提高零售商的服务水平，使供应链的整体收益增加。

吕玉明和吕庆华（2013）认为，网络零售不受传统零售业限制，甚至认为网络零售挤占了实体（店）商业的情况不实，并运用长尾理论和渠道迁徙理论研究发现，与传统零售业一样，网络零售商吸引到的顾客数量在很大程度上受消费者所在区域的影响，并据此提出了关于网络零售业的市场竞争策略建议。另外，鲁等（Lu et al.，2015）研究发现，当线上渠道的效率较低时，引入线上渠道会使制造商收益减少。

总之，国内外研究表明，质量差异化、偏好、需求和网络渠道引入等诸多因素对供应链定价都会产生一定的影响，但结论尚未统一。

2.3.3 供应链渠道冲突与协调问题研究

国内外学者对供应链渠道冲突和协调问题进行了大量研究。如阿尔巴等（Alba et al.，1997）研究认为，如果制造商对传统零售商开展电子商务直销渠道进行抵制，会使双渠道供应链的冲突加剧，从而使双渠道供应链的作用无法实现。也有学者认为，电子商务直销渠道虽然拓展了制造商的产品市场，但会迫使零售商降低产品零售价格，从而引起渠道间的冲突问题（许传永等，2010）。

而韦布等（Webb et al.，2002）研究认为，在双渠道供应链中，可以通过电子商务直销渠道合理定价或双渠道间实行品牌差异化策略，减少渠道间的冲突，之后，有学者构造了电子商务直销渠道与传统零售渠道的博弈模型，通过数据模拟得出电子商务直销渠道能帮助上游制造商达成渠道协调，使渠道利润增加。也有学者研究得出，网络直销渠道和传统零售渠道在相互竞争的同时可实现合作双赢（谢庆华和黄培清，2007）。陈远高等（2010）研究认为，双渠道间的服务竞争使双渠道供应链优于单渠道供应链。但斌等

(2012) 构建了由一个制造商与一个零售商组成的双渠道供应链模型，研究了双渠道供应链协调的补偿策略，并进一步论证了在一定范围内可以实现双渠道供应链成员的合作双赢。

谢家平等（2017）为解决供应链成员之间存在的利益冲突问题，构建了一种双渠道闭环供应链的批发价契约和收益共享契约，分析最优线上线下双渠道定价策略和最优广告投入水平，结果表明，最优线上线下价格与正向分成和逆向分成存在一定比例关系。

司银元等（2020）分析了有关双渠道定向优惠券投放与价格竞争策略的关系问题，研究结果表明，引入网络渠道后，制造企业定向投放优惠券可以提高产品的批发价格和零售价格，使制造企业利润增加，零售企业利润降低，加剧了渠道间的冲突，并设计了双重协调机制以实现双渠道供应链的协调和各成员利润的帕累托改进。

而黄思杰（2018）研究生鲜农产品供应链时发现，电子商务直销和传统销售渠道相结合的方法，有利于提高产品的市场销售量，且双渠道之间可以进行协调以减少冲突。王磊和但斌（2015）针对生鲜农产品对新鲜度要求较高的问题，研究发现分散式决策与集中式决策下供应链的最优决策不同，分散决策模式下零售商的保鲜努力较小，据此提出了能够实现生鲜农产品供应链协调的“保鲜成本分担 + 收益共享”契约，以实现供应链协调，并确定了协调契约所在的取值区间。杨亚等（2016）、曹武军等（2014）运用生鲜农产品单周期报童理论，建立了生产商和零售商的收益函数，提出了保证新鲜度信息共享的回购契约，对供应链各方利益起到了有效的协调作用。范林榜等（2019）认为，生鲜农产品引入网络销售渠道，会引起了实体渠道和网络渠道的冲突，进一步分析了双渠道不同决策模式下，供应链利润的差异性、收益共享契约的最优线上零售价格、最优线下批发价格和收益共享率等对供应链成员利益的影响，并提出生鲜农产品双渠道供应链协调的对策。

易余胤等（2012）建立了销售渠道和回收渠道均存在冲突情形下的闭环供应链博弈模型，并以集中定价决策下的均衡结果为基准，提出一个用改进的两部定价契约来实现闭环供应链协调的方案，以弥补分散决策的效率损失问题。赫等（He et al.，2019）研究了回收效率以及顾客行为等不同因素对供应链渠道的影响，提出对两种协调机制（契约和授权机制）进行改进，运用改进的契约机制可以达到供应链效率最佳。

由一个制造商和两个竞争零售商组成的闭环供应链中，其竞争存在于正向和反向渠道中，考虑零售商潜在的串通行为和上游制造商的交互决策，王等（Wang et al.，2020）通过建立三个两层博弈模型研究发现，零售商的串通行为总是给他们整体带来显著的利润提升，而运用利润分成合约，可以有效地保证每个零售商通过串通获得更多利润。

有关供应链渠道冲突和协调方面的问题，多数学者认为渠道间的冲突可以通过一定的策略进行协调，但具体策略方法不同，这为后续研究提供了较宽的研究思路。

2.3.4 供应链其他方面问题的研究

1. 供应链库存方面的研究

国外学者较早对供应链库存问题进行了研究，如巴加尼亚等（Baganha et al.，1985）研究认为，集中库存管理是供应链管理的重要策略之一，它是降低库存水平，提高企业利润，增加企业核心竞争力的重要手段。有学者研究了多库存点报童问题，分析了集中制对库存成本与缺货成本的影响问题（Eppen，1989），也有学者运用多种算法，计算出企业的集中库存成本与利润之间的关系（Hartman and Dror，2003）。刘峥和徐琪等（2014）研究了需求波动条件下，双渠道供应链采用联合库存的策略，提出通过库存共享的方式减小缺货风险，从而可以降低供应链的总成本。哈特维希等（Hartwig et al.，2015）、阿南德等（Anand et al.，2008）研究了零售商持有策略性库存对制造商批发价格的影响问题。杨家权和张旭梅

(2020)对双渠道供应链零售商库存策略问题进行研究时发现，零售商可以通过策略性库存影响制造商的批发价格策略，进而影响线下渠道和线上渠道的产品零售价格。

2. 免费“搭便车”问题的研究

卡尔顿等（Carlton et al.，2001）早期研究网络销售产品的免费“搭便车”问题时发现，制造商通过实体店销售产品时，并不愿意同时把产品放在网上销售，以防出现免费“搭便车”问题。伯斯坦恩等（Bernstein et al.，2009）研究免费“搭便车”现象时发现，只要电子商务直销渠道使消费者效用增加，则网上产品定价总会比实体渠道定价要高，这一结论与弗里贝格等（Friberg et al.，2000）的研究结论不同。有学者研究发现，当边际服务成本较低时，实体店允许消费者免费“搭便车”，实体店的均衡利润高于网店；反之，当边际服务成本很高时，实体店入不敷出，不再允许消费者免费“搭便车”（禹爱民和刘丽文，2011）。赵礼强（2019）对存在消费者免费“搭便车”行为的零售商定价策略进行了分析研究。一些学者提出，运用价格匹配、增加渠道间产品的差异性等，可以规避免费“搭便车”问题（Kir and Andy，2013）。

总体来说，由于供应链问题牵扯面较广，特别是网络渠道的引入，使得供应链问题变得更为复杂，有关供应链竞争策略尚有以下问题值得做进一步深入研究。

（1）以往学者主要对实体市场供应链的定价、供应链协调和线上线下不同渠道选择等问题进行研究，而对不同类型产品其特性不同考虑较少，鲜有文献对此进行区别研究。而不同特性的产品其市场反应也不尽相同，由此，会对网络市场供应链竞争策略产生不同的影响。鉴于此，我们将产品分为不同类型，并根据不同类型产品以及网络市场特点，有针对性地研究其市场竞争策略问题。

（2）由于供应链成员的利益不同，为了追求个体利益的最大化而失信背叛问题较为复杂，以往学者们多从法律法规层面对该问题进行研究，也有学者运用演化博弈方法，从市场系统动态演化过程中探索网络零售商失信的平台治理策略。

与以往研究相比，本研究不再关注供应链某一成员的单方面问题，拟将整个供应链纳入分析框架，以消费者效用为主线，根据不同类型产品及市场竞争特点，运用博弈论、约束规划等方法，研究选择怎样的市场竞争策略，以及如何维护良好的网络生态环境等问题，这是网络零售市场研究领域的重要基础性工作。

2.4 博弈论理论及应用

2.4.1 博弈论理论

1. 博弈论

博弈论（Game Theory）又称对策论，或赛局理论，是一些个人、队组或其他组织，面对一定的环境条件，在一定的规则下，同时或先后，一次或多次，从各自允许选择的行为或策略中进行选择并加以实施，各自取得相应结果的过程。具有竞争或者对抗性的行为都可称为博弈行为。在这类行为中，参加方各自具有不同的目标或者利益。为了达成各自的目标或利益，各方必须考虑对手各种可能的行动方案，并据此选取对自己最有利或者最合理的方案。

博弈论思想由来已久，如中国古代的《孙子兵法》，不仅是一部军事著作，也是最早的博弈论著作。博弈论最初主要研究赌博、象棋、桥牌等的胜负问题，人们对博弈局势的把握往往停留在经验之上，并没有向理论化方向发展，博弈论正式发展成一门学科则是在20世纪初。

近代对于博弈论的研究，开始于策梅洛（Zermelo，1913）、波雷尔（Borel，1921）和冯·诺伊曼（Von Neumann，1928），后来冯·诺伊曼和摩根斯坦（Von Neumann and Morgenstern，1944）共

著了《博弈论与经济行为》，首次以著作的形式构建了博弈的理论体系。之后，约翰·纳什（John Nash，1950，1951）利用不动点定理证明了博弈均衡点的存在，为博弈论的一般化奠定了坚实的理论基础。此外，泽尔腾（Selten）、沙普利（Shapley）、谢林（Schelling）和海萨尼（Harsanyi）等的研究对博弈论发展起到积极的推动作用，时至今日，博弈论已经发展成一门比较完善的学科。

理论界普遍认为，现代经济博弈论是在20世纪50年代，由数学家冯·诺依曼和经济学家摩根斯坦引入经济学，对产业组织理论、委托代理理论和信息经济学等的发展起到了积极推动作用。1994年，诺贝尔经济学奖颁发给了纳什、海萨尼和泽尔腾三位科学家，他们在非合作博弈的均衡分析理论方面做出了杰出贡献，对博弈论和经济学产生了重大影响。1996年的诺贝尔经济学奖又授予在博弈论应用方面取得卓越成就的经济学家詹姆斯·莫里斯（James A. Mirrlees）和威廉·维克瑞（William Vickrey），他们在信息经济学、激励理论等方面做出了重大贡献。之后，有多位在博弈论研究方面取得重大成果的学者获得了诺贝尔经济学奖。

2. 博弈的要素

对于一个确定的博弈，需要设定以下几个方面。

（1）局中人（players）：在一局博弈中，每一个有决策权的参与人就是一个局中人。

（2）策略（strategies）：指一局博弈中，规定每个参与人决策时，可以选择的做法或经济活动的水平等。

（3）得益（payoffs）：指一局博弈结局对应的各博弈方的每一组可能的决策选择，都应该有一个结果表示该策略组合下各博弈方的“所得”或“所失”。一局博弈结束，每个局中人的“所得”或“所失”是局中人选择的一组策略的函数，也称为支付函数。

（4）次序（orders）：指在决策活动中，当存在多个独立决策方时，有时是这些博弈方同时做选择，更多时候各博弈方的决策有先后顺序。

以上四个方面是设定一个博弈必须具备的，确定了上述四个方面，也就确定了一个博弈（Fudenberg and Tirole，2010；谢识予，2012）。

3. 纳什均衡

纳什均衡（Nash Equilibrium）是整个博弈论的核心，它是指在某一策略组合中，所有参与人面临的一种状况，即当其他参与人不改变策略时，此时他的策略对他来说是最好的。也就是说，此时所有参与人的策略都是他自己的最好选择策略，如果此时他改变策略，他的收益就会减少。在纳什均衡点上，每个理性参与人都不会有单独改变策略的冲动。这个均衡点可以指价格的均衡点，也可以指产量的均衡点，或者其他方面的均衡点（谢识予，2012）。

泽尔腾将纳什均衡引入动态分析中，创立了子博弈精炼纳什均衡。由一个单决策结信息集开始，与所有该决策结后续结（含终点结）组成的，能自成一个博弈的原博弈的一部分，称为子博弈。如果一个博弈是原博弈的纳什均衡，且它在每一个子博弈上也都构成纳什均衡，那么，它是一个子博弈精炼纳什均衡。子博弈精炼纳什均衡要求每个参与人应该是序惯理性的，逆向归纳法是求解子博弈精炼纳什均衡的最有效最简便的方法（谢识予，2012）。

4. 合作博弈

不合作博弈是以个体理性为理论前提。但个体理性并非是人类经济行为背后的唯一逻辑，现实中联合理性（或称集体理性）的集体决策行为相当普遍，比如，经济中存在的卡特尔、辛迪加、托拉斯和康采恩等垄断组织。事实上，人们在个体理性决策行为遇到难以克服的困难时，往往会通过或明或暗的谈判达成协议来协调博弈各方的行为，以摆脱现实中难以克服的困境。因此，虽然非合作博弈理论在解释竞争性问题时十分有效，但是，它无法解释现实中普遍存在的联合理性问题，因此，有必要引入能有效解释人类联合理性行为的合作博弈理论。在合作博弈中，参与人合作进行共同决策（集中决策），由于存在集体理性，使得参与人事先可以先进行信息互通，并通过建立约束性的协议（通过讨价还价达成协议）等，保证合作各方的收益能进行合理分配。因此，联合理性决定了参与人之间的合作是可能的，即参与人可以通过合作博弈，取得更多收益。博弈结束后，参与人可以根据事先达成的协议进行利益分配。合作博弈是存在有约束性的协议，只有在博弈方之间既存在共同但又不完全一致利益的前提下，才需要利用协议来约束各方的行为，实现更大的共同利益和各方的自身利益（谢识予，2012）。

总之，博弈论分析方法不同于经济学理论的比较静态分析方法等，但它与现代西方经济学理论有着千丝万缕的联系。博弈论重视经济主体之间的相互联系及辩证关系，探究了经济主体的个体理性和集体理性问题，拓宽了传统经济学的分析思路，使其更加接近现实市场竞争，从而成为现代微观经济学的重要理论基石，也为现代宏观经济学提供了更加坚实的微观基础。博弈论作为具有竞争或斗争性质的数学理论和方法，已经成为一种标准分析工具，它在经济、金融、国际关系、计算机科学和军事战略等领域具有广泛的应用。

2.4.2 博弈论的应用

近年来，博弈论在供应链研究中获得了较为广泛应用。安德森等（Anderson et al.，1999），施泰特勒等（Stadtler et al.，2008）运用博弈论方法研究了供应链协同管理问题。黄等（Huang et al.，2013）运用博弈论方法，研究了存在需求扰动和生产成本扰动时的供应链最优定价问题。但斌等（2016）、文悦等（2019）在线上和线下分别销售产品的情形下，运用博弈论方法研究了利用两部定价合同实现供应链的协调问题。陈炜和田原（2018）运用博弈论方法研究得出，供应链协调可以有效地促进供应链绩效的提升。王文宾等（2020）运用动态博弈方法对双渠道供应链中三种产品质量研发模式分别建模，讨论了各种质量研发模式对供应链成员的利润影响，并利用两部定价契约对供应链进行协调。杨家权等（2020）运用博弈论研究双渠道供应链零售商库存策略时发现，零售商可以通过策略性库存影响制造商的批发价格，进而影响渠道的产品零售价格。黄甫和宋华明等（2020）运用博弈论方法研究了考虑消费者退货的二级供应链决策问题，分析了提供退款保证等对均衡结果的影响。

一些学者探讨了伯川德博弈模型（Bertrand Model）的具体应用问题（Vyacheslav et al.，2020；Rafael et al.，2019；蒲勇健和孙衔华，2017；王琦玮和赵刘威等，2017），张伟等（2016）运用伯川德博弈模型研究了混合寡头研发的投入问题。张旋璇和曹国华（2017）运用 Bertrand 模型等对跨境电商企业的决策行为进行分析，得出跨境电商应根据弹性系数的变化采取不同的定价策略。

安东尼奥（Antonio，2017）和布雷桑等（Bressan et al.，2019）探讨了斯坦伯格博弈模型（Stackelberg Model）的具体应用问题。朱晓东等（2017）运用斯坦伯格博弈模型研究了双渠道供应链的最优回收定价和利润，并通过设计成本收益共享契约改进了闭环供应链效率，提高了供应链各方的收益。许民利等（2019）运用斯坦伯格博弈模型研究得出，由于两企业在市场中的地位不同，跟随型企业的最优选择是根据领导型企业的产量来确定自己的产量。

有学者探讨了演化博弈（Evolutionary Game）模型的应用问题（Wang et al.，2019；徐杰和李果林，2020；姜旭和胡雪芹，2020；曲薪池，侯贵生和孙向彦，2019）。库斯和法勒（Güth and Peleg，2001）较早运用演化博弈模型研究了企业利润最大化策略演化稳定性问题，而有学者认为，利他行为条件下，利润最大化可能不是一个演化博弈的稳定策略（Bester and Güth，1998）。杨在军等（2020）应用演化博弈方法，分析了共享单车企业的激励约束对共享单车用户发生机会主义行为的影响，并提出了相应的管理对策。

豪特林模型（Hotelling Game）主要用来研究厂商选址问题，即在消费者线性空间中选址进行价格竞争，两厂商定位趋向于线性空间的中心，它在一维线性城市模型中解释由产品运输成本产生的差异化问题，具有一定的说服力（冯庆水和张学威，2013）。之后，有些学者（1979）对该模型进行了修正，认为运用二次函数替代一次运输函数更符合实际，在不杀价竞争前提下，得出了最大差异化的结论（d'Aspremon et al.，1979）。之后，又有一些学者进一步修正了该模型，认为如果进行杀价，则采取“极大极小化”定价策略，反之，则采取纳什均衡定价策略，且采取后一种策略更为有利（冯庆水和张学威，2013）。一些采用 Hotelling 模型的文献（徐兵和朱道立，2017；Lai et al.，2012；李锋和魏莹，2017；Tamatani et al.，2019；Yazdani et al.，2020）对有关问题的博弈均衡进行了研究，取得了丰富的研究成果。

本书借鉴已有研究成果，运用博弈论等方法，研究网络零售市场的竞争策略问题是切实可行的，所取得的相关研究成果是具有一定实践价值的。

2.5 本章小结

本书的主要研究目标是电商零售市场产品竞争策略问题，为了实现该目标，本章分别对电子商务、网络零售、产品同质化和差异化、供应链和博弈论等理论进行分析，对相关文献进行梳理和总结。基于本书的研究范围，首先，详细阐述了电子商务和网络零售的相关概念及理论发展，从此角度引入本书研究的重点内容——网络零售市场竞争策略问题，属于虚拟网络环境下的市场竞争策略问题。其次，分析了供应链的内涵，对有关网络市场供应链的研究范围和研究现状进行了梳理、分析、总结，为后续论题的研究奠定了基础。再次，根据所研究的问题，详细分析和界定了同质品和异质品的内涵，并对近年来有关的理论研究成果进行梳理和评述。最后，对博弈论理论及其应用进行分析和梳理，探讨该方法的适用性，为本书研究中该方法的应用做理论铺垫。

第3章　产品网络销售渠道选择策略研究

3.1　引　言

当前，由于产品销售渠道之间的冲突问题日益引起人们的关注，也是很多厂商开展市场竞争面临的重要难题之一。为此，本章重点解决产品网络销售渠道策略如何选择的问题。

目前，在渠道冲突方面的研究，主要存在两种观点，一种观点，如申成然等（2014）认为，网购消费者的存在使得实体零售商利益受损，从而引起网络渠道和实体店渠道冲突问题。而另一种观点认为，网络直销渠道和传统实体店形式的零售渠道在相互竞争的同时可以实现合作双赢（谢庆华等，2007）。一直以来，更多研究集中在实体渠道和网络渠道的冲突及协调问题方面。但是，我们也应看到，当前，实体渠道在销售中遇到了前所未有的困难，为此，我们从实际出发，转向研究网络销售渠道策略问题。

根据实际调查，在网络市场和实体市场产品销售中，出现了两种主要解决方案。

第一种解决方案，同种产品实体店渠道和网络渠道以相同价格进行销售。如百思买（BEST BUY）将同质品以相同价格同时在实体店和网店双渠道进行销售（赵礼强等，2015），这种销售模式下，消费者不会因为价格差别产生选择困难，有效避免了双渠道供应链中的价格冲突问题。但由于网络销售具有送货上门等便利性优势，使得消费者更加倾向于网店购买，实体店销售量大幅减少。这种解决方案使得实体市场生存空间被极大地挤压。

第二种解决方案，产品分为“实体店版”和“网络版”，以差异价格进行销售。拜喆喆等（2017）提出，零售商进行同类产品销售时可以采取差别化销售策略，将高端产品（即新开发的产品或高质量产品）放在实体店高价销售，低端产品（如过时产品或低质量产品）放在网店低价销售。这种既能迎合网络消费人群，也可以兼顾实体店消费人群，即线上线下都获利的解决方案，市场反应良好，不失为一种较好的解决方法。但是，这种解决方案实质上已经不是同种产品的销售渠道选择问题，而是存在差异化的产品销售渠道选择问题，或者说是一种异质品销售渠道选择问题，属于异质品双渠道供应链解决方案。

鉴于以上分析，我们这里仅研究同质品的网络零售市场销售渠道策略选择问题。在网络市场中，我们假设制造商和网络零售商面临共同的市场需求，作为制造商，是自己单独在网上销售产品（manufacturer single channel，MSC），还是选择由网络零售商销售（online retailer single channel，ORSC）（这里把电商平台参与的零售看作一类网络零售商零售）自己的产品，抑或是选择两种销售渠道（双渠道）（dual channel，DC）并存方式在网上销售产品，这是本部分主要解决的问题。这里考虑由一个制造商、一个网络零售商和众多网购消费者组成的供应链，则产品网络销售渠道选择策略模型如图 3 - 1 所示。

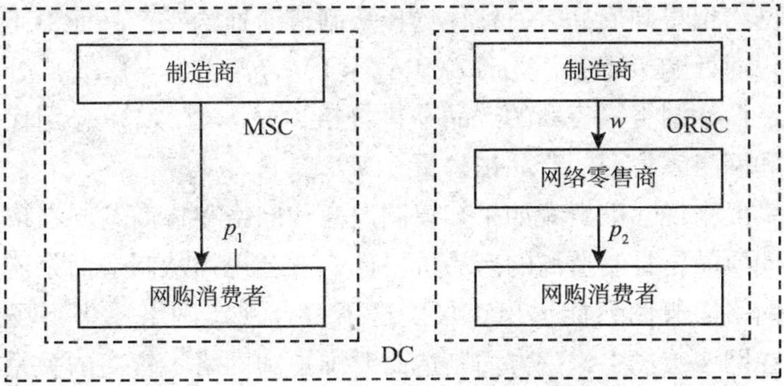

图 3－1　产品销售渠道选择模型

资料来源：作者自绘。

3.2　基于差别化参数的渠道模型建立

基于上述假设，网络市场中，网购消费者可能选择从制造商处购买产品，也可能选择从网络零售商处购买产品，则消费者效用函数可以表示为：

$$\begin{cases} U_{m1} = v_0 + \theta s_m - \lambda p_1 \\ U_{d2} = \zeta v_0 + \theta s_d - \lambda p_2 \end{cases} \tag{3-1}$$

式中，U_{m1} 和 U_{d2} 分别代表购买制造商产品和购买网络零售商产品的消费者效用；v_0 是消费者对产品效用的估值，也可说是产品的保留价格或可接受价格，$v_0(0 \leqslant v_0 \leqslant 1)$（下同）；假设制造商和网络零售商在网络零售中对单位产品的服务水平分别为 s_m 和 s_d，为了简化问题，不失一般性，假设二者对单位产品提供的服务水平相等，即 $s_m = s_d = s(s \geqslant 0)$；$\theta \in [0, 1]$ 表示对服务水平具有一定偏好的消费者类型；λ 表示价格敏感参数；ζ 为消费者选择从不同渠道购买产品的差别化参数。一般而言，在产品价格相同的情况下，消费者倾向于认为制造商销售的产品是“真”的，而网络零售商销售的产品有可能是“假”的。由此，当消费者知道制造商和零售商同时网络销售同质品时，往往选择从制造商处购买产品而不是从网络零售商处购买产品，此时$\zeta(0<\zeta<1)$。$p_i \geqslant 0(i=1,2)$ 分别代表制造商和网络零售商的产品零售价格，$q_i(i=1,2)$ 分别代表制造商和网络零售商的产品销售量。

一般来说，消费者如果知道制造商和网络零售商共同在市场上销售同质品，且制造商的产品价格低，就会选择从制造商处购买产品，网络零售商只能退出市场。这不符合现实网络零售市场的实际。在网络市场中，一方面制造商要维护和网络零售商的关系，另一方面，网络零售商也要求或通过合同约定来限制制造商产品的零售价格，保证不能低于某个值（制造商如果参与产品市场零售），以此来维持二者的长期合作关系。从当前网络市场的繁荣发展来看，也确实存在制造商和网络零售商共存的情形，下面据此进行市场渠道策略分析。

由式（3-1），对消费者效用分析如下。

（1）$U_{m1}<0$，$U_{d2}<0$ 时，制造商和网络零售商的消费者效用都小于零，此时网购消费者不会购买任何产品，这里我们对消费者效用小于零的情形不予分析。

（2）当 $U_{m1} \geqslant U_{d2}$时，得到$p_1 \leqslant \frac{p_2}{\zeta} - \frac{(1-\zeta)\theta s}{\lambda\zeta}$，此时，消费者只购买制造商销售的产品，网购消费者需求函数：$q_1 = 1 - \lambda p_1 + \theta s$，$q_2 = 0$。

（3）当 $U_{m1} = U_{d2}$ 时，得到$\frac{p_2}{\zeta} - \frac{(1-\zeta)\theta s}{\lambda\zeta} < p_1 < p_2 + \frac{1-\zeta}{\lambda}$，此时，网购消费者从两个渠道购买产品，消费者需求函数：$q_1 = 1 - \frac{\lambda(p_1 - p_2)}{1-\zeta}$，$q_2 = \frac{\lambda(\zeta p_1 - p_2) + (1-\zeta)\theta s}{\zeta(1-\zeta)}$。

（4）当 $U_{m1} \leqslant U_{d2}$时，得到$p_1 \geqslant p_2 + \frac{1-\zeta}{\lambda}$，此时，消费者只从网络零售商处购买产品，消费者需求函数：$q_1 = 0$，$q_2 = 1 - \frac{\lambda p_2 - \theta s}{\zeta}$。

3.3　模型求解

1. 仅制造商网络销售产品的单一渠道策略

制造商仅选择由自己单独从网上销售产品的单一销售渠道，网购消费者只能购买制造商网络销售的产品，网络零售商的产品销售量为0。此时，制造商利润最大化问题为：

$$\max\pi_1=(p_1-c_m-c_{sm})q_1=(p_1-c_m-c_s)(1-\lambda p_1+\theta s) \tag{3-2}$$

$$\text{s. t.}\quad p_1\leqslant\frac{p_2}{\zeta}-\frac{(1-\zeta)\theta s}{\lambda\zeta}$$

式中，c_m 为制造商单位产品的生产成本，c_{sm} 为制造商网络销售单位产品的服务成本，c_{sd} 为网络零售商销售单位产品的服务成本。为了简化问题，不失一般性，我们假设制造商和网络零售商对单位产品的服务成本相同，即 $c_{sm}=c_{sd}=c_s$。

构建拉格朗日函数：$L=(p_1-c_m-c_s)(1-\lambda p_1+s\theta)+\gamma\left[\frac{p_2}{\zeta}-\frac{(1-\zeta)\theta s}{\lambda\zeta}-p_1\right]$

式中，γ 为拉格朗日乘子（以下同）。

根据最优化理论，由KKT条件和互补松弛性原理，计算得到：

产品最优零售价格为：

$$p_1=\frac{1+\theta s+\lambda(c_m+c_s)}{2\lambda}$$

市场最优销售量为：

$$q_1=\frac{1+\theta s-\lambda(c_m+c_s)}{2}\geqslant 0$$

供应链利润为：

$$\pi_1=\frac{[-1-s\theta+\lambda(c_m+c_s)]^2}{4\lambda}$$

制造商利润等于供应链利润为：

$$\pi_{1m}=\pi_1=\frac{[-1-s\theta+\lambda(c_m+c_s)]^2}{4\lambda}$$

网络零售商不参与市场销售，故其利润 π_{1d} 为 0，供应链利润即为制造商利润。

2. 网络销售双渠道策略

当制造商选择双渠道销售产品，即制造商自己在网络上销售产品的同时，还批发产品给网络零售商，网络零售商也在网上进行产品销售。

由于目标函数的约束条件是开区间，根据 KKT 条件推证，只存在松约束情况，不存在紧约束条件，即约束条件对目标函数不产生实质影响，最优解一定存在于区间内。

下面分两种情况进行讨论，第一种情况，制造商和网络零售商不合作分散决策；第二种情况，制造商和网络零售商合作集中决策。

（1）第一种情况，双渠道分散决策。制造商选择双渠道销售产品，制造商作为有实力的生产者具有价格领导地位，即制造商首先决定产品的批发价格，网络零售商作为追随者，他只能在制造商决定产品的批发价格之后，才能决定产品的网络零售价格。因此，第一阶段，制造商根据利润最大化原则决定产品的批发价格。第二阶段，网络零售商在制造商决策之后，在自己利润最大化的原则下，决定产品的网络零售价格。由子博弈纳什均衡，运用逆向归纳法求解该过程。

（i）网络零售商决定产品的零售价格。

网络零售商利润最大化问题为：

$$\max\pi_{2d}=(p_2-w-c_s)q_2=(p_2-w-c_s)\left[\frac{\lambda(\zeta p_1-p_2)}{\zeta(\zeta-1)}+\frac{\theta s}{\zeta}\right] \tag{3-3}$$

利润函数 π_{2d} 是价格 p_2 的凹函数，存在极大值。π_{2d} 对 p_2 求一阶偏导数等于 0（满足二阶条件），得到：

$$p_2=\frac{\theta s-\zeta\theta s+\lambda(c_s+w+\zeta p_1)}{2\lambda} \tag{3-4}$$

得到 q_1、q_2 的表达式为：

$$\begin{cases} q_1 = \dfrac{2 + s\theta + \lambda(c_s - 2p_1 + w) + \zeta(-2 - s\theta + \lambda p_1)}{2(1 - \zeta)} \\ q_2 = \dfrac{\theta s(\zeta - 1) + \lambda(c_s + w - \zeta p_1)}{2\zeta(\zeta - 1)} \end{cases} \tag{3-5}$$

（ii）制造商决定产品的批发价和网络零售价。

将 p_2、q_1、q_2 代入制造商利润函数 π_{2m}，制造商利润函数最大化问题为：

$$\max_{p_1,w} \pi_{2m} = (p_1 - c_m - c_s)\left[\frac{2 + s\theta + \lambda(c_s - 2p_1 + w) + \zeta(-2 - \theta s + \lambda p_1)}{2(1 - \zeta)}\right] + (w - c_m)\left[\frac{\theta s(\zeta - 1) + \lambda(c_s + w - \zeta p_1)}{2\zeta(\zeta - 1)}\right] \tag{3-6}$$

π_{2m}是关于 p_1，w 的函数，设$\varpi_{01}(p_1，w)$为驻点，在$\varpi_{01}(p_1，w)$的某个领域内，π_{2m} 有连续偏导数，令 $A = f_{p_1p_1}$，$B = f_{p_1w}$，$C = f_{ww}$，则海瑟矩阵

$$H = \begin{vmatrix} \dfrac{-\lambda(2 - \zeta)}{1 - \lambda} & \dfrac{\lambda(2 - \lambda - \zeta)}{2(1 - \lambda)(1 - \zeta)} \\ \dfrac{\lambda(2 - \lambda - \zeta)}{2(1 - \lambda)(1 - \zeta)} & \dfrac{\lambda}{\zeta(\zeta - 1)} \end{vmatrix}$$

由 $H > 0$、$A < 0$ 可知，π_{2m}存在极大值，π_{2m}分别对 p_1，w 求一阶偏导数等于0，计算可得产品最优零售价格和最优批发价格分别为：

$$\begin{cases} p_{2d1} = p_1 = \dfrac{1 + \theta s + \lambda(c_m + c_s)}{2\lambda} \\ w = \dfrac{\zeta + \theta s + \lambda(c_m - c_s)}{2\lambda} \geqslant 0 \end{cases} \tag{3-7}$$

将式（3-7）代入式（3-4），得到：

$$p_{2d2} = p_2 = \frac{3\theta s + \lambda(c_m + c_s) + \zeta[2 - \theta s + \lambda(c_m + c_s)]}{4\lambda} \geqslant 0$$

则产品最优销售量：

$$\begin{cases} q_{2d1} = q_1 = \dfrac{2 + \theta s - \lambda(c_m + c_s)}{4} \\ q_{2d2} = q_2 = \dfrac{\theta s - \lambda(c_m + c_s)}{4\zeta} \geqslant 0 \end{cases}$$

令，$q_{2d} = q_{2d1} + q_{2d2} = \dfrac{\theta s + \zeta[2 + \theta s - \lambda(c_m + c_s) - \lambda(c_m + c_s)]}{4\zeta}$

得到双渠道分散决策供应链最优利润：

$$\pi_{2d} = \frac{1}{16\lambda\zeta}\{[3(\theta s + \lambda c_m + \lambda c_s)]^2 + \zeta[4 + \theta^2 s^2 - 8\lambda c_s + \lambda^2(c_m^2 + c_s^2) + 2\lambda c_m(-4 + \lambda c_s) - 2\theta s(-4 + \lambda c_m + \lambda c_s)]\}$$

双渠道分散决策制造商最优利润：

$$\begin{aligned} \pi_{21m} &= \frac{1}{8\lambda\zeta}\{[\theta s - \lambda(c_m + c_s)]^2 + \zeta[2 + \theta^2 s^2 - 4\lambda c_s + \lambda^2(c_m^2 - c_s^2) \\ &\quad + 2\lambda c_m(-2 + \lambda c_s) - 2\theta s(-2 + \lambda c_m + \lambda c_s)]\} \\ &= \frac{1}{4}\left\{\frac{[-2 - \theta s + \lambda(c_m + c_s)][-1 - \theta s + \lambda(c_m + c_s)]}{2\lambda} \right. \\ &\quad \left. + \frac{(w - c_m)[\theta s - \lambda(c_m + c_s)]}{\zeta}\right\} \end{aligned}$$

双渠道分散决策零售商最优利润：$\pi_{21d} = (p_2 - w - c_s) q_2 = \dfrac{(\zeta - 1)[\theta s - \lambda(c_m + c_s)]^2}{16\lambda\zeta}$

（2）第二种情况，双渠道集中决策。为实现利润最大化，制造商与网络零售商合作集中决策，他们共同决定产品的零售价格。此时，集中决策供应链利润最大化问题为：

$$\max_{p_1, p_2} \pi_2 = (p_1 - c_m - c_s)\left[1 - \frac{\lambda(p_1 - p_2)}{1 - \zeta}\right] + (p_2 - c_m - c_s)\left[\frac{\lambda(\zeta p_1 - p_2)}{\zeta(1 - \zeta)} + \frac{\theta s}{\zeta}\right] \quad (3-8)$$

π_2 是关于 p_1，p_2 的函数，设$\varpi_{02}(p_1, p_2)$ 为驻点，在$\varpi_{02}(p_1, p_2)$ 的某个领域内，π_2 有连续偏导数，令 $A = f_{p_1 p_1}$，$B = f_{p_1 p_2}$，$C =$

$f_{p_2p_2}$，则海瑟矩阵

$$H=\begin{vmatrix}\dfrac{-2\lambda}{1-\zeta} & \dfrac{2\lambda}{1-\zeta}\\ \dfrac{2\lambda}{1-\zeta} & \dfrac{-2\lambda}{\zeta(1-\zeta)}\end{vmatrix}=\frac{4\lambda^2}{\zeta(1-\zeta)}$$

由 $H>0$、$A<0$ 可知，π_2 存在极大值，π_2 分别对 p_1，p_2 求一阶偏导数等于0，得到产品最优零售价格：

$$\begin{cases}p_{2t1}=p_1=\dfrac{1+\theta s+\lambda(c_m+c_s)}{2\lambda}\\ p_{2t2}=p_2=\dfrac{\zeta+\theta s+\lambda(c_m+c_s)}{2\lambda}\end{cases}\tag{3-9}$$

则产品最优销售量：

$$\begin{cases}q_{2t1}=q_1=\dfrac{1}{2}\\ q_{2t2}=q_2=\dfrac{\theta s-\lambda(c_m+c_s)}{2\zeta}\end{cases}$$

令，$q_{2t}=q_{2t1}+q_{2t2}=\dfrac{\zeta+\theta s-\lambda(c_m+c_s)}{2\zeta}$

双渠道集中决策最优供应链利润为：

$$\pi_{2t}=\frac{\zeta[1+2\theta s-2\lambda(c_m+c_s)]+[\theta s-\lambda(c_m+c_s)]^2}{4\lambda\zeta}$$

双渠道供应链集中决策制造商最优利润为：

$$\pi_{22m}=\frac{\zeta[1+\theta s-\lambda(c_m+c_s)]+2\lambda(w-c_m)[\theta s-\lambda(c_m+c_s)]}{4\lambda\zeta}$$

双渠道集中决策网络零售商最优利润为：

$$\pi_{22d}=\frac{[\zeta+\theta s-\lambda(c_m-c_s-2w)][\theta s-\lambda(c_m+c_s)]}{4\lambda\zeta}$$

3. 仅网络零售商销售产品的单一渠道策略

此种情况下，制造商专注于产品的生产，只通过批发渠道将产品批发给零售商，由零售商进行网络销售。这里分两种情况讨论：第一种情况，制造商和网络零售商合作进行集中决策；第二种情况，制造商和网络零售商不合作进行分散决策。

(1) 第一种情况，网络零售商单一渠道集中决策。此时制造商和网络零售商合作进行集中决策，他们共同决定产品的零售价格。此时，供应链利润最大化的最优问题为：

$$\max\pi_{31}=\max\pi_3=(p_2-c_m-c_s)q_2=(p_2-c_m-c_s)\left(1-\frac{\lambda p_2-\theta s}{\zeta}\right) \tag{3-10}$$

$$\text{s.t}\quad p_1\geqslant p_2+\frac{1-\zeta}{\lambda}$$

构建拉格朗日函数：

$$L=(p_2-c_m-c_s)\left(1-\frac{\lambda p_2-s\theta}{\zeta}\right)+\gamma\left[p_2+\frac{1-\zeta}{\lambda}-p_1\right]$$

求 L 关于 p_2 的一阶偏导数等于 0，得到：

$$1-\gamma-\frac{\lambda(-c_m-c_s+p_2)}{\zeta}-\frac{\lambda p_2-s\theta}{\zeta}=0$$

根据最优化理论，由 KKT 条件和互补松弛性原理，计算得到产品的最优网络零售价格为：

$$p_{3t}=p_2=\frac{\zeta+s\theta+\lambda(c_m+c_s)}{2\lambda}$$

网络零售商单一渠道集中决策产品最优市场销售量为：

$$q_{3t}=\frac{\zeta+s\theta-\lambda(c_m+c_s)}{2\zeta}$$

网络零售商单一渠道集中决策供应链利润为：

$$\pi_{3t}=\frac{[\zeta+s\theta-\lambda(c_m+c_s)]^2}{4\zeta\lambda}$$

网络零售商单一渠道集中决策制造商利润为：

$$\pi_{31m}=\frac{(w-c_m)[\zeta+s\theta-\lambda(c_m+c_s)]}{2\zeta}$$

网络零售商单一渠道集中决策网络零售商利润为：

$$\pi_{31d}=\frac{[\zeta+s\theta-\lambda(c_m+c_s)][\zeta+s\theta+\lambda(c_m-c_s-2w)]}{4\zeta\lambda}$$

（2）第二种情况，网络零售商单一渠道分散决策。在供应链分散决策中，制造商是产品价格领导者，网络零售商是价格的跟随者。由此，首先由制造商确定产品的批发价格；然后，网络零售商再确定产品的零售价格。由子博弈纳什均衡，运用逆向归纳法求解该过程。

（i）网络零售商确定产品的零售价格 p_2。此时，网络零售商利润最大化的最优问题为：

$$\max\pi_{3d} = (p_2 - w - c_s)q_2 = (p_2 - w - c_s)\left(1 - \frac{\lambda p_2 - \theta s}{\zeta}\right) \tag{3-11}$$

$$\text{s. t.} \quad p_1 \geqslant p_2 + \frac{1-\zeta}{\lambda}$$

构建拉格朗日函数：

$$L = (p_2 - w - c_s)\left(1 - \frac{\lambda p_2 - \theta s}{\zeta}\right) + \gamma\left[p_1 - p_2 - \frac{1-\zeta}{\lambda}\right]$$

根据最优化理论，由 KKT 条件和根据互补松弛性原理计算可得产品最优零售商产品零售价格为：

$$p_2 = \frac{\zeta + s\theta + \lambda(c_s + w)}{2\lambda} \tag{3-12}$$

产品最优市场销售量为：

$$q_2 = \frac{\zeta + s\theta - \lambda(c_s + w)}{2\zeta} \tag{3-13}$$

（ii）制造商确定产品的批发价格 w。将式（3－12）、式（3－13）代入制造商利润，制造商利润 π_{3m} 最大化问题为：

$$\max\pi_{3m} = (w - c_m)q_2 = (w - c_m)\left(1 - \frac{\lambda p_2 - \theta s}{\zeta}\right) \tag{3-14}$$

$$\text{s. t.} \quad p_1 \geqslant p_2 + \frac{1-\zeta}{\lambda}$$

构建拉格朗日函数：

$$L = (w - c_m)\left(1 - \frac{\lambda[\zeta + s\theta + \lambda(c_s + w)]}{2\lambda\zeta} + \zeta s\theta\right)$$

$$+\gamma\left[p_1-\frac{\zeta+s\theta+\lambda(c_s+w)}{2\lambda}-\frac{1-\zeta}{\lambda}\right]$$

根据最优化理论，由 KKT 条件和互补松弛性原理，求解得到产品的最优批发价格为：

$$w=\frac{\zeta+\theta s+\lambda(c_m-c_s)}{2\lambda}$$

产品的最优网络零售价格为：

$$p_{3d}=p_2=\frac{3\zeta+3s\theta+\lambda(c_m+c_s)}{4\lambda}$$

产品的最优市场销售量为：

$$q_{3d}=q_2=\frac{\zeta+s\theta-\lambda(c_m+c_s)}{4\zeta}$$

网络零售商单一渠道分散决策制造商利润为：

$$\pi_{32m}=(w-c_m)q_2=\frac{[\zeta+s\theta-\lambda(c_m+c_s)]^2}{8\lambda\zeta}$$

网络零售商单一渠道分散决策网络零售商利润为：

$$\pi_{32d}=(p_2-w-c_s)q_2=\frac{[\zeta+s\theta-\lambda(c_m+c_s)]^2}{16\lambda\zeta}$$

网络零售商单一渠道分散决策供应链利润为：

$$\pi_{3d}=(p_2-c_m-c_s)q_2=\frac{3[\zeta+s\theta-\lambda(c_m+c_s)]^2}{16\zeta\lambda}$$

3.4 渠道策略分析

3.4.1 渠道策略分析比较

不同渠道下各变量的最优值见表 3－1。

表 3-1 不同渠道模式下各变量的最优值

变量	MSC 模式	DC 集中决策模式	DC 分散决策模式
p	$[1+\theta s+\lambda(c_m+c_s)]/(2\lambda)$	$p_{2t1}^{*}=[1+\theta s+\lambda(c_m+c_s)]/(2\lambda)$ $p_{2t2}^{*}=[\zeta+\theta s+\lambda(c_m+c_s)]/(2\lambda)$	$p_{2d1}^{1}=[1+\theta s+\lambda(c_m+c_s)]/(2\lambda)$ $p_{2d2}^{*}=\{3\theta s+\lambda(c_m+c_s)+\zeta[2-\theta s+\lambda(c_m+c_s)]\}/(4\lambda)$
q	$[1+\theta s-\lambda(c_m+c_s)]/2$	$q_{2t1}^{*}=1/2$ $q_{2t2}^{*}=[\theta s-\lambda(c_m+c_s)]/(2\zeta)$	$q_{2d1}^{1}=[2+\theta s-\lambda(c_m+c_s)]/4$ $q_{2d1}^{2}=[\theta s-\lambda(c_m+c_s)]/(4\zeta)$
π_m	$[1+\theta s-\lambda(c_m+c_s)]^2/(4\lambda)$	$\{\zeta[1+\theta s-\lambda(c_m+c_s)]+2\lambda(w-c_m)[\theta s-\lambda(c_m+c_s)]\}/(4\lambda\zeta)$	$\{[\theta s-\lambda(c_m+c_s)]^2+\zeta[2+\theta^2 s^2-4\lambda c_s+\lambda^2(c_m^2-c_s^2)+2\lambda c_m(-2+\lambda c_s)-2\theta s(-2+\lambda c_m+\lambda c_s)]\}/(8\lambda\zeta)$
π_d	0	$[\zeta+\theta s-\lambda(c_m-c_s-2w)][\theta s-\lambda(c_m+c_s)]/(4\zeta\lambda)$	$(\zeta-1)[\theta s-\lambda(c_m+c_s)]^2/(16\lambda\zeta)$
π	$[1+\theta s-\lambda(c_m+c_s)]^2/(4\lambda)$	$\{\zeta[1+2\theta s-2\lambda(c_m+c_s)]+[\theta s-\lambda(c_m+c_s)]^2\}/(4\zeta\lambda)$	$\{[3(\theta s+\lambda(c_m+c_s)]^2+\zeta[4+\theta^2 s^2-8\lambda c_s+\lambda^2(c_m^2+c_s^2)+2\lambda c_m(-4+\lambda c_s)-2\theta s(-4+\lambda c_m+\lambda c_s)]\}/(16\lambda\zeta)$

续表

变量	ORSC 集中决策模式	ORSC 分散决策模式	
p	$[\zeta+\theta s+\lambda(c_m+c_s)]/(2\lambda)$	$[3\zeta+3\theta s+\lambda(c_m+c_s)]/(4\lambda)$	
q	$[\zeta+\theta s-\lambda(c_m+c_s)]/(2\zeta)$	$[\zeta+\theta s-\lambda(c_m+c_s)]/(4\zeta)$	
π_m	$(w-c_m)[\zeta+\theta s-\lambda(c_m+c_s)]/(2\zeta)$	$[\zeta+s\theta-\lambda(c_m+c_s)]^2/(8\zeta\lambda)$	
π_d	$[\zeta+\theta s-\lambda(c_m+c_s)]$ $[\zeta+\theta s+\lambda(c_m-c_s-2w)]/(4\zeta\lambda)$	$[\zeta+\theta s-\lambda(c_m+c_s)]^2/(16\zeta\lambda)$	
π	$[\zeta+\theta s-\lambda(c_m+c_s)]^2/(4\zeta\lambda)$	$3[\zeta+s\theta-\lambda(c_m+c_s)]^2/(16\zeta\lambda)$	

注：MSC 代表制造商渠道，DC 代表双渠道，ORSC 代表网络零售商渠道。下同。
资料来源：作者自制。

由于多种渠道策略存在有其合理性，在供应链合作集中决策中，制造商和网络零售商可以达成协议对利润进行合理分配（具体原理参见本书第4章）。据此，在渠道偏好参数ζ取值范围内，对各渠道下的产品价格、销售量和供应链利润分析比较（见表3-2）。

表3-2　　不同销售渠道的比较

<table>
<tr><td>比较项</td><td>DC集中与分散决策比较</td><td>DC集中与ORSC集中决策比较</td><td colspan="2">DC分散与MSC决策比较</td></tr>
<tr><td>ζ</td><td>$0<\zeta<1$</td><td>$0<\zeta<1$</td><td colspan="2">$0<\zeta<1$</td></tr>
<tr><td>p^*</td><td>$p_{2t1}=p_{2d1}$，$p_{2t2}\leqslant p_{2d2}$</td><td>$p_{2t2}=p_{3t}$</td><td colspan="2">$p_{2d1}=p_1$</td></tr>
<tr><td>q^*</td><td>$q_{2t}\geqslant q_{2d}$</td><td>$q_{3t}>q_{2t}$</td><td colspan="2">$q_{2d}\geqslant q_1$</td></tr>
<tr><td>π^*</td><td>$\pi_{2t}\geqslant\pi_{2d}$</td><td>$\pi_{2t}\geqslant\pi_{3t}$</td><td colspan="2">$\pi_{2d}\geqslant\pi_1$</td></tr>
<tr><td>比较项</td><td>ORSC集中与分散决策比较</td><td>ORSC集中与MSC决策比较</td><td colspan="2">DC分散与ORSC分散决策比较</td></tr>
<tr><td>ζ</td><td>$0<\zeta<1$</td><td>$0<\zeta<1/2$</td><td colspan="2">$0<\zeta<1$</td></tr>
<tr><td>p^*</td><td>$p_{3t}\leqslant p_{3d}$</td><td>$p_{3t}\leqslant p_1$</td><td colspan="2">$p_{2d2}\leqslant p_{3d}$</td></tr>
<tr><td>q^*</td><td>$q_{3t}\geqslant q_{3d}$</td><td>$q_{3t}\geqslant q_1$</td><td colspan="2">$q_{2d}\geqslant q_{3d}$</td></tr>
<tr><td>π^*</td><td>$\pi_{3t}>\pi_{3d}$</td><td>$\pi_{3t}\geqslant\pi_1$</td><td colspan="2">$\pi_{2d}\geqslant\pi_{3d}$</td></tr>
<tr><td>比较项</td><td colspan="2">ORSC分散与MSC决策比较</td><td colspan="2">DC分散与ORSC集中决策比较</td></tr>
<tr><td>ζ</td><td>$0<\zeta\leqslant3/4$</td><td>$3/4<\zeta<1$</td><td>$0<\zeta\leqslant1/2$</td><td>$1/2<\zeta<1$</td></tr>
<tr><td>p^*</td><td>$p_{3d}\leqslant p_1$</td><td>$p_{3d}>p_1$</td><td>$p_{2d2}\leqslant p_{3t}$</td><td>$p_{2d2}\geqslant p_{3t}$</td></tr>
<tr><td>q^*</td><td>$q_{3d}\geqslant q_1$</td><td>$q_{3d}<q_1$</td><td>$q_{2d}\leqslant q_{3t}$</td><td>$q_{2d}\leqslant q_{3t}$</td></tr>
<tr><td>π^*</td><td>$\pi_{3d}\geqslant\pi_1$</td><td>$\pi_{3d}\leqslant\pi_1$</td><td>$\pi_{2d}\leqslant\pi_{3t}$</td><td>$\pi_{2d}\geqslant\pi_{3t}$</td></tr>
<tr><td>CS</td><td colspan="4">（1）$0<\zeta\leqslant1/2$，$\pi_{2t}\geqslant\pi_{3t}\geqslant\pi_{2d}\geqslant\pi_{3d}\geqslant\pi_1$；（2）$1/2<\zeta\leqslant3/4$，$\pi_{2t}\geqslant\pi_{2d}\geqslant\pi_{3t}\geqslant\pi_{3d}\geqslant\pi_1$；（3）$3/4<\zeta<1$，$\pi_{2t}\geqslant\pi_{2d}\geqslant\pi_{3t}\geqslant\pi_1\geqslant\pi_{3d}$</td></tr>
</table>

注：CS表示依据供应链利润大小进行的渠道优劣排序，$\geqslant$表示优于。
资料来源：作者自制。

3.4.2 结果分析

研究表明，制造商选择网络销售产品时，网购消费者渠道偏好参数 ζ 值会对渠道策略选择产生一定程度的影响，各渠道策略比较分析如下。

1. 双渠道集中决策和分散决策的比较

当 $0<\zeta<1$ 时，$p_{2t1}=p_{2d1}$，$p_{2t2}\leqslant p_{2d}$，$q_{2t}\geqslant q_{2d}$，$\pi_{2t}\geqslant\pi_{2d}$，双渠道集中决策产品零售价格小于等于分散决策产品零售价格，双渠道集中决策产品销售量和供应链利润大于等于分散决策产品销售量和供应链利润，显然，双渠道集中决策策略相对于分散决策策略属于占优策略。

2. 双渠道分散决策与零售商单一渠道集中决策的比较

$$p_{2d}\geqslant p_{3t},\ q_{2d}\leqslant q_{3t},\ \pi_{2d}-\pi_{3t}=(1-\zeta)\{4\zeta-[s\theta-\lambda(c_m+c_s)]^2\}/(16\zeta\lambda)$$

当 $0<\zeta\leqslant 1/2$ 时，$p_{2d}\geqslant p_{3t}$，$q_{2d}\leqslant q_{3t}$，$\pi_{2d}\leqslant\pi_{3t}$，零售商单一渠道集中决策产品零售价格小于等于双渠道分散决策产品零售价格，零售商单一渠道集中决策产品销售量和供应链利润均大于等于双渠道分散决策产品销售量和供应链利润。显然，零售商单一渠道集中决策策略相对于双渠道分散决策策略属于占优策略。

当 $1/2<\zeta<1$ 时，$p_{2d}\geqslant p_{3t}$，$q_{2d}\leqslant q_{3t}$，$\pi_{2d}\geqslant\pi_{3t}$，双渠道分散决策产品零售价格大于等于零售商单一渠道集中决策产品零售价格，双渠道分散决策产品销售量小于等于零售商单一渠道集中决策产品销售量，双渠道分散决策供应链利润大于等于零售商单一渠道集中决策供应链利润。显然，双渠道分散决策相对于零售商单一渠道集中决策策略并不是占优策略，但此时 $\pi_{2d}>\pi_{3t}$。

3. 零售商单一渠道分散决策与制造商单一渠道决策的比较

$$p_{3d}-p_1=[-2+3\zeta+\theta s-\lambda(c_m+c_s)]/(4\lambda),$$

$$q_{3d}-q_1=\{\theta s-\lambda(c_m+c_s)+\zeta[-1-2\theta s+2\lambda(c_m+c_s)]\}/(4\zeta),$$

$$\pi_{3d}^*-\pi_1^*=-[1+\theta s-\lambda(c_m+c_s)]^2/(4\lambda)+3[\zeta+\theta s-(c_m+c_s)\lambda]^2/(16\zeta\lambda)$$

当$0<\zeta\leqslant 3/4$时，$p_{3d}\leqslant p_1$，$q_{3d}\geqslant q_1$，$\pi_{3d}\geqslant\pi_1$，网络零售商单一渠道分散决策产品零售价格小于等于制造商单一渠道决策产品零售价格，网络零售商单一渠道分散决策产品市场销售量和供应链利润大于等于制造商单一渠道决策产品市场销售量和供应链利润。此时，网络零售商单一渠道分散决策策略相对于制造商单一渠道策略是占优策略。

当$3/4<\zeta<1$时，$p_{3d}>p_1$，$q_{3d}\leqslant q_1$，$\pi_{3d}\leqslant\pi_1$，制造商单一渠道决策产品零售价格小于网络零售商单一渠道分散决策产品零售价格，制造商单一渠道决策产品市场销售量和供应链利润大于等于网络零售商单一渠道分散决策产品市场销售量和供应链利润。此时，制造商单一渠道策略相对于网络零售商单一渠道分散决策策略是占优策略。

同理，其他渠道策略模式的比较结果参见表3-2。

从上述分析可知，从供应链整体利益视角来看，表中只有渠道优劣排序CS行（1）中，$0<\zeta\leqslant 1/2$，$\pi_{2t}\geqslant\pi_{3t}\geqslant\pi_{2d}\geqslant\pi_{3d}\geqslant\pi_1$是严格按照渠道策略优劣排序，而表中（2）、（3）只是按各渠道策略供应链利润值的大小进行的排序。之所以对此进行排序是因为，在实际中，供应链成员的关注重点多集中在利润方面，所以，当供应链成员重点关注供应链整体利益而忽视价格和销售量因素，其可以依据此顺序选择对己有利的渠道策略。但是，供应链成员的关注点会随着市场的变化而变化，当供应链成员关注重点是产品价格或者销售量时，可以依据表3-2对各渠道策略的比较结果，选择适合自己的有利渠道策略。

总之，双渠道集中决策策略的供应链利润最大，产品市场销售量也最大，产品的零售价格也最低，是占优策略。由上述分析可知，制造商一般不选择由自己单独网络销售产品，这是因为，如果产品进行网络销售，需要投入大量的人力、财力，同时要有一定的网络零售经验，而制造商往往销售经验不足，从而造成市场销售量不佳。

阿里巴巴曾经推出的1688模式，提出由平台提供商和制造商衔接，取消经销商和零售商，直接进行网上零售商品。从目前来看，这种情况至少在近一段时间内是不可能实现的，网络零售商，甚至是经销商的存在还是有其一定存在价值的（拜喆喆等，2017）。一方面，经销商和零售商的市场销售渠道已经存在很多年，是联系制造商和消费者之间的桥梁，有其市场存在的价值；另一方面，制造商仅选择平台提供商进行产品销售，面临未来是否会受到平台提供商的挟持，是否可能被平台清出市场等风险。

显然，制造商选择和网络零售商共同进行网络销售，而不是仅仅由自己单独销售产品是最优策略，此时，既保证了市场销售量（市场占有率），也使产品的市场零售价格更具有竞争优势，且供应链整体获利也最大。其次，可选择次优策略，即网络零售商单一渠道集中决策策略，各种渠道策略模式的优劣排序如表3－2所示。另外，销售商也可以根据自己的实际，以及不同时期的市场战略（比如价格优先，销量优选等）选择自己的渠道策略，具体可参照表3－2的计算结果进行选择。

3.5 本章小结

本章重点解决产品网络销售渠道选择问题。在产品网络零售市场中，通过综合考虑渠道偏好差异化和网购消费者特点的基础上，运用博弈论和非线性规划方法，研究了制造商单一销售渠道、零售商单一销售渠道和双渠道三种渠道模式五种渠道策略，结果表明，在五种渠道策略中，双渠道集中决策策略优于其他策略，此时在 $0<\zeta<1$ 的整个取值区间，不但产品零售价格较低，产

品市场销量较高，而且供应链利润最高，相对于其他各渠道策略是占优策略。其次，在 $0<\zeta\leqslant 1/2$ 时，网络零售商单一渠道集中决策策略优于双渠道分散决策策略，是次优策略。在 $1/2<\zeta<1$ 时，双渠道分散决策策略优于零售商单一渠道集中决策策略；在 $0<\zeta\leqslant 3/4$ 时，制造商单一渠道策略是仅次于网络零售商单一渠道分散决策策略的最差渠道策略；而在 $3/4<\zeta<1$ 时，网络零售商单一渠道分散决策策略是仅次于制造商单一渠道策略的最差渠道策略。显然，除了双渠道集中决策策略不受渠道偏好差异化值 ζ 的影响，其他渠道策略的优劣顺序均会受到 ζ 值变化的影响。

总体来说，双渠道集中决策策略最优，一般来说，如果制造商选择网络销售渠道时，应优先考虑双渠道集中决策渠道模式。但并非制造商都能选择双渠道策略，在有些情况下，制造商自己不参与市场销售。另外，由于渠道偏好会随着市场其他因素的影响而不断变化，这就需要制造商根据市场变化和自己的实际情况选择有利的销售渠道策略。本章的研究成果，在一定程度上为制造商产品网络零售渠道策略的选择提供了理论参考。

第 4 章　同质品网络零售市场竞争策略研究

4.1　引　　言

同质品指的是既没有水平差异化，也没有垂直差异化（即完全同质无差异）的产品。同质品在质量、性能等方面无差异，甚至销售商在市场营销手段上也相互模仿，以至产品之间逐渐趋同。这类产品的交叉弹性一般较大。

大量同质品的存在，给销售商产品销售带来极大的困难，也给网购消费者选择带来诸多困惑。由于网络市场的虚拟性，消费者不能看货成交，由此引起同质品网络市场销售的种种问题。学者们多运用实证方法，主要从价格竞争的现象去做定性分析，如马天玲（2017），孙喆（2019）等从实证视角探索了产品“价格战”发生的原因、危害等。

目前学术界提出的解决同质品价格竞争的方法主要有品牌策略和创新营销策略等。已有研究鲜有探讨“价格战”背后的根本原因。为此，本章首先通过构建模型，运用博弈论等方法，探讨同质品网络市场“价格战”的内在机理，并进一步分析同质品制造商和零售商合作的利润“合理分配”问题，并提出破解“价格战”困局的解决方案。

4.2　基于敏感参数的同质品市场竞争模型建立

为了分析问题方便，我们假设网络市场中制造商生产同质品，然后批发给网络零售商，由零售商通过电商平台销售产品给网购消费者，而且仅通过网络零售方式销售产品，则存在这样一种供应链网络零售市场竞争模型（见图 4－1）。

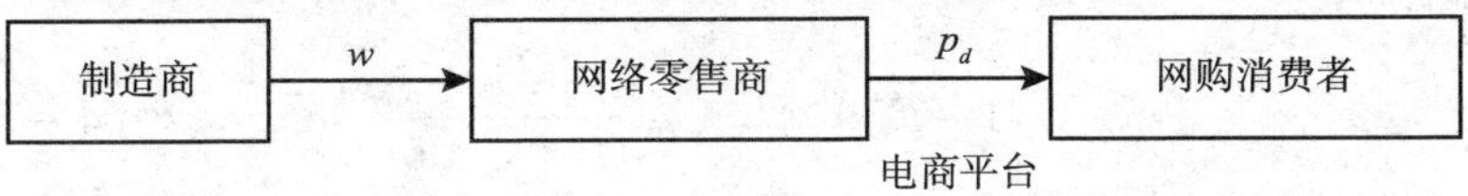

图 4－1　同质品网络零售市场竞争模型

资料来源：作者自绘。

假设制造商批发给网络零售商的单位产品批发价格为 w，提供的单位产品服务水平为 $\tilde{s}_m(\tilde{s}_m \geqslant 0)$。如制造商对产品统一提供“三包”服务，且会通过网络零售商向网购消费者传递这种“三包”服务信息，一般来说，这种“三包”服务不会轻易改变，故 $\tilde{s}_m$ 为常数。消费者往往通过网络零售商提供的服务来对服务水平进行判断，若网络零售商提供的单位产品的服务水平为 $s_d(s_d > 0)$，单位产品的服务成本为 $c_d(c_d > 0)$，单位产品的零售价格为 $p_d(p_d \geqslant 0)$，消费者对网络零售商的服务水平具有一定的偏好。根据丹尼尔·伯努利的效用概念，消费者是否购买产品或服务是由其效用判断决定的，这在网络环境下同样适用。这里我们借鉴莫西等（Moorthy, 1988）、王滔（2018）、卓越等（2019）消费者效用函数模型，并在该模型中引入价格敏感参数和制造商服务水平参数等，则有如下网购消费者效用函数：

$$U_d = v_0 + \theta s_d - \lambda p_d + \tilde{s}_m \tag{4-1}$$

式中，U_d 为网购消费者效用，$v_0(0 \leqslant v_0 \leqslant 1)$ 是消费者对产品效用的估值；消费者对网络零售商单位产品服务水平为 s_d；消费者偏好 θ 服从 [0, 1] 上的均匀分布；$\lambda(\lambda>0)$ 为价格敏感参数，代表网购消费者对产品价格的敏感程度，一般来说，消费者对同质品的价格敏感度较高。

当消费者效用 $U_d \geqslant 0$ 时，消费者购买该产品；当 $U_d<0$ 时，消费者不予购买；当 $U_d=0$ 时，得到 θ 的临界值 $\theta^*=(\lambda p_d-v_0-\tilde{s}_m)/s_d$。

由于 θ 服从 [0, 1] 上的均匀分布，所以，产品的市场销售量为：

$$q_d=1-F(\theta^*)=1-\frac{\lambda p_d-v_0-\tilde{s}_m}{s_d} \tag{4-2}$$

基于对要研究问题的分析，该供应链存在两种决策模式：第一种是制造商和网络零售商合作进行集中决策模式，第二种是制造商和网络零售商不合作进行分散决策模式，下面分别就这两种决策模式予以分析比较。

4.3 同质品市场竞争策略研究

4.3.1 集中决策模式策略

供应链集中决策模式下，制造商和网络零售商为了共同利益往往通过协商、契约约定或达成某种默契共同面对市场变化，二者作为一个整体共同进行市场决策。供应链集中决策的利润最优化问题为：

$$\max\pi_t=(p_d-c_m-c_d)q_d=(p_d-c_m-c_d)\left(1-\frac{\lambda p_d-v_0-\tilde{s}_m}{s_d}\right) \tag{4-3}$$

供应链集中决策利润函数 π_t 是凹函数，存在极大值。求函数 π_t 最大化的最优解，由 π_t 对 p_d 的一阶条件等于0（满足二阶条件），得到集中决策产品的最优零售价格为：

$$p_t = p_d = \frac{s_d + \tilde{s}_m + v_0 + \lambda(c_d + c_m)}{2\lambda} \tag{4-4}$$

产品最优销售量为：

$$q_t = q_d = \frac{s_d + \tilde{s}_m + v_0 - \lambda(c_d + c_m)}{2s_d} \geqslant 0, \quad \left(0 < \lambda \leqslant \frac{\tilde{s}_m + s_d + v_0}{c_d + c_m}\right)$$

集中决策供应链利润为：

$$\pi_t = \frac{[s_d + \tilde{s}_m + v_0 - \lambda(c_d + c_m)]^2}{4\lambda s_d}$$

集中决策制造商利润为：

$$\pi_{mt} = \frac{(w - c_m)[s_d + \tilde{s}_m + v_0 - \lambda(c_d + c_m)]}{2s_d}$$

集中决策网络零售商利润为：

$$\pi_{dt} = \frac{[s_d + \tilde{s}_m + v_0 - \lambda(c_d + c_m)][s_d + \tilde{s}_m + v_0 + \lambda(c_m - c_d) - 2\lambda w]}{4\lambda s_d}$$

4.3.2 分散决策模式策略

在分散决策中，制造商实力较强，是价格的领导者，而网络零售商实力较弱，是产品价格的追随者。由此，在该市场中，制造商首先决定自己产品的批发价格，然后，网络零售商再根据产品的批发价格决定产品的网络零售价格。此种情况，制造商和网络零售商分别面临各自的市场最优利润函数，且制造商具有先动优势。由子博弈精炼纳什均衡，根据逆向归纳法分两阶段求解该过程。

1. 网络零售商决定产品的零售价格

网络零售商的利润最大化问题为：

$$\max\pi_{dd}=(p_d-w-c_d)q_d=(p_d-w-c_d)\left(1-\frac{\lambda p_d-v_0-\tilde{s}_m}{s_d}\right) \tag{4-5}$$

网络零售商利润函数 π_{dd} 为凹函数，存在极大值。π_{dd} 对 p_d 求一阶偏导数等于 0（满足二阶条件），得到产品最优零售价格为：

$$p_d=\frac{s_d+\tilde{s}_m+v_0+\lambda(w+c_d)}{2\lambda} \tag{4-6}$$

产品销售量为：

$$q_d=\frac{s_d+\tilde{s}_m+v_0-\lambda(w+c_d)}{2s_d} \tag{4-7}$$

2. 制造商决定产品的批发价格

制造商利润最大化问题为：

$$\max\pi_{md}=(w-c_m)q_d=(w-c_m)\frac{s_d+\tilde{s}_m+v_0-\lambda(w+c_d)}{2s_d}$$

把式（4-7）代入制造商利润 π_{md}，π_{md} 为凹函数，存在极大值。求解函数最大化的最优解，π_{md} 对 w 求一阶偏导数等于 0（满足二阶条件），得到产品最优批发价格为：

$$w=\frac{s_d+\tilde{s}_m+v_0+\lambda(c_m-c_d)}{2\lambda}\geqslant 0$$

则产品最优零售价格为：

$$p_d=\frac{3(s_d+\tilde{s}_m+v_0)+\lambda(c_d+c_m)}{4\lambda}$$

产品最优销售量为：

$$q_d=\frac{s_d+\tilde{s}_m+v_0-\lambda(c_d+c_m)}{4s_d}\geqslant 0,\quad\left(\because 0<\lambda\leqslant\frac{\tilde{s}_m+s_d+v_0}{c_d+c_m}\right)$$

分散决策供应链利润为：

$$\pi_d=\frac{3[s_d+\tilde{s}_m+v_0-\lambda(c_m+c_d)]^2}{16\lambda s_d}$$

分散决策制造商利润为：

$$\pi_{md}=\frac{[s_d+\tilde{s}_m+v_0-\lambda(c_m+c_d)]^2}{8\lambda s_d}=\frac{(w-c_m)[s_d+\tilde{s}_m+v_0-\lambda(w+c_d)]}{2s_d}$$

分散决策网络零售商利润为：

$$\pi_{dd}=\frac{[s_d+\tilde{s}_m+v_0-\lambda(c_m+c_d)]^2}{16\lambda s_d}=\frac{[s_d+\tilde{s}_m+v_0-\lambda(w+c_d)]}{4\lambda s_d}$$

显然，当产品生产成本和服务成本增加时，无论集中决策还是分散决策，都会使产品零售价格上升，产品市场销售量减少，制造商利润、网络零售利润和供应链利润都减少。

4.3.3　集中决策和分散决策策略的比较

1. 产品零售价格、销售量和供应链利润的比较

（1）集中决策产品零售价格和分散决策产品零售价格的比较：

$$p_t-p_d=\frac{-(s_d+\tilde{s}_m+v_0)+\lambda(c_d+c_m)}{4\lambda}\leqslant 0$$

（2）集中决策产品销售量与分散决策产品销售量的比较：

$$q_t-q_d=\frac{s_d+\tilde{s}_m+v_0-\lambda(c_d+c_m)}{4s_d}=q_d\geqslant 0$$

（3）集中决策供应链利润和分散决策供应链利润的比较：

$$\Delta\pi=\pi_t-\pi_d=\frac{[s_d+\tilde{s}_m+v_0-\lambda(c_d+c_m)]^2}{16\lambda s_d}\geqslant 0$$

由集中决策和分散决策的比较可知，集中决策的产品零售价格小于等于分散决策的产品零售价格，集中决策的市场销售量和供应链利润均大于等于分散决策的市场销售量和供应链利润。

2. 制造商和网络零售商利润比较

（1）集中决策制造商利润和分散决策制造商利润的比较：

$$\Delta\pi_m=\pi_{mt}-\pi_{md}=\frac{\lambda(w-c_m)^2}{2s_d}>0,\ (\because w>c_m)$$

（2）集中决策网络零售商利润和分散决策网络零售商利润的比较：

$$\Delta\pi_d = \pi_{dt} - \pi_{dd} = -\frac{\lambda(w - c_m)^2}{4s_d} < 0$$

由于制造商的集中决策利润大于分散决策利润，网络零售商的集中决策利润小于分散决策利润，显然在集中决策中，网络零售商有发生机会主义背叛的动机，而制造商有维持这种合作（集中决策）的动机。另外，从市场销售量来说，二者合作集中决策的市场销售量大于分散决策的市场销售量，二者合作集中决策的产品零售价格小于等于分散决策的产品零售价格，显然，集中决策供应链整体收益最大，产品零售价格最低，更有利于制造商的产品参与市场竞争。从这一点上来说，制造商有动力维持这种合作关系，因此，在获得一定利润的前提下，会让渡部分利润给网络零售商，以便维持这种合作关系。

为此，需要寻找一个可以使二者合作的共赢点，也就是使二者都比较满意的利润分配方案，否则，网络零售商有动机背叛这种合作机制。如何维持二者合作而不发生机会主义背叛，我们概括现实网络零售市场的具体情况进行分析研究。

4.4 集中决策利润的“合理”分配

4.4.1 理论基础

由于集中决策下合作博弈的结果由博弈方的联合理性行为决定，在分析两参与人合作博弈问题时，首先需要考虑什么样的分配和利益配置是被双方都能接受的。

根据实际经验，双方都容易接受的分配需要满足效率和公平的原则。效率要求包含帕累托效率和整体利益最大化两个方面。由于整体利益最大化可能与个体理性相矛盾，而参与人的合作可能达不成协议，从而进入非合作博弈。因此，合作博弈需要满足的基本效率要求是与个体理性不相矛盾的帕累托效率。

1. 效率原则

帕累托效率公理指出，如果分配（s_1，s_2）和（s'_1，s'_2）都是该讨价还价问题可行分配集合的点，且 $\pi_1(s_1) > \pi_1(s'_1)$ 和 $\pi_2(s_2) > \pi_2(s'_2)$，则（s'_1，s'_2）一定不是讨价还价博弈的结果，帕累托效率公理见图4-2。

图4-2中，灰色区域部分为两人讨价还价的利益分配集，满足帕累托效率要求的收益配置是收益配置集的边界上的粗线部分，这里称为“帕累托边界”。可以说，讨价还价问题的解一定落在帕累托边界上。讨价还价的结果与谈判双方的谈判技巧等有关，但是，作为理性参与人讨价还价的结果必然落在该边界上，双方谈判的内容最终决定解究竟落在该边界上的哪一个点上。

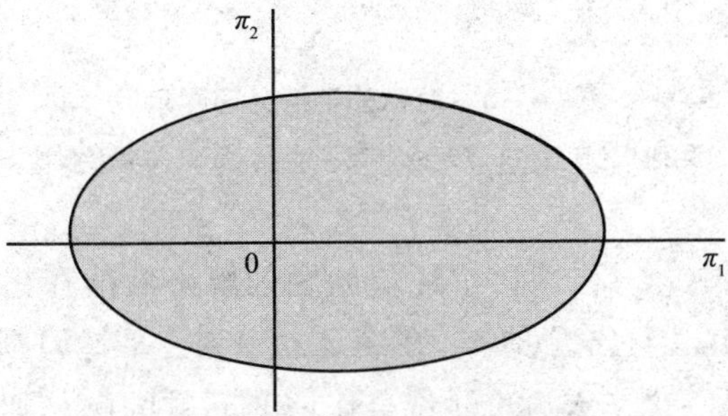

图4-2 帕累托效率公理图示

资料来源：参见谢识予．经济博弈论（第三版），复旦大学出版社，2012.

2. 公平性原则

公平性要求参与博弈各方要得到公平对待，在自愿交易的合作活动中，博弈参与方比较容易接受公平的交易合作方案。若交易明显有失公允，交易常常会遭到拒绝，若参与双方是对称的，双方得到相同的待遇是可以普遍接受的公平原则（这里不讨论显失公允的被迫行为）。

公平性公理是指：若存在博弈 $B(S, d; \pi_1, \pi_2)$ 是一个对称的讨价还价问题，其中，S 是博弈方的策略组合，d 为谈判破裂点，π_1、π_2 是收益组合，满足 $(\pi_1, \pi_2) \in U$ 的条件是 $(\pi_2, \pi_1) \in U$，且 $d_1 = d_2$，则作为博弈解 (π_1^*, π_2^*) 必须满足 $\pi_1^* = \pi_2^*$，该对称公平性公理见图 4-3。

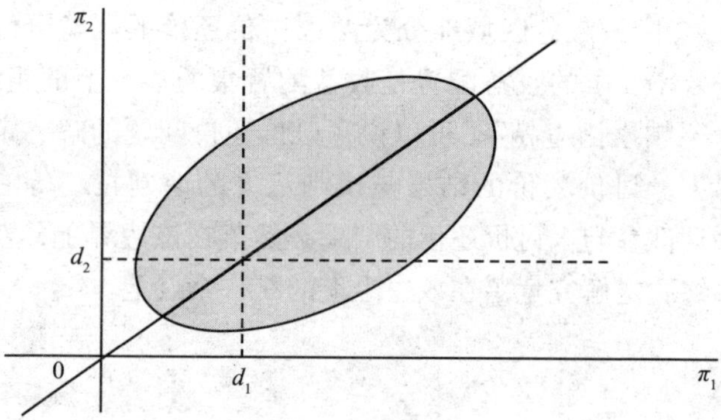

图 4-3 对称公平性公理图示

资料来源：参见谢识予．经济博弈论（第三版），复旦大学出版社，2012.

在 4-3 中，对称性讨价还价问题的解必然落在粗线条表示的对称线上。由以上分析可知，在满足效率和公平性原则条件下，当 (s_1^*, s_2^*) 是一个二人讨价还价合作博弈问题的解，则当讨价还价问题中的收益经过仿射变换 $\pi_1' = e_1 + g_1\pi_1$、$\pi_2' = e_2 + g_2\pi_2$ 后，(s_1^*, s_2^*) 仍然是讨价还价的解，其中 e_1，e_2，g_1，g_2 为常数，g_1，$g_2 > 0$，即满足线性变换不变公理。

若 $B(S, d; \pi_1, \pi_2)$ 和 $B(S', d'; \pi_1, \pi_2)$ 是两个讨价还价问题，$S \supset S'$，$d = d'$，若 $B(S, d; \pi_1, \pi_2)$ 的合作博弈解 (s_1^*, s_2^*)[①] 落在 S' 中，则 (s_1^*, s_2^*) 一定也是 $B(S', d'; \pi_1, \pi_2)$ 的

① 对应于 (π_1^*, π_2^*)。

解，即满足独立于无关选择公理。

由此，在该合作博弈中，关键是需要寻找一个可以使二者合作的共赢点，也就是说使二者都比较满意的利润分配方案，否则，博弈参与方有动机背叛这种合作机制。如何维持二者合作而不发生机会主义背叛，我们概括现实网络零售市场的具体情况，进行分析讨论。

4.4.2　集中决策利润的“合理”分配分析

1. 利润“合理”分配的假设

假设制造商和网络零售商都具有完全理性，他们都知道合作（集中决策）共赢，即合作可以使供应链利润最大 $\Delta\pi=\pi_t-\pi_d\geqslant 0$，产品市场销售量最多 $q_t-q_d\geqslant 0$，产品零售价格最低 $p_t-p_d\leqslant 0$，由前述分析可知，作为制造商更有动机维护这种合作机制。在此前提下，应满足以下四个假设条件：

假设4-1：满足制造商的利润 π'_m 大于零的某个设定值 π_m^*，即 $\pi'_m\geqslant\pi_m^*>0$；

假设4-2：满足网络零售商的利润 π'_d 大于零的某个设定值 π_d^*，即 $\pi'_d\geqslant\pi_d^*>0$；

假设4-3：二者的利润和，不大于集中决策可能获得的最大利润，即 $0<\pi_m^*+\pi_d^*\leqslant\pi_t$；

假设4-4：π_t 在制造商和网络零售商之间进行“合理”分配。

上述四个假设条件的合理性在于：在现实市场中，由于种种原因，有些厂商（制造商和网络零售商）为了某种目的，可以使自己的利润暂时为零，甚至为负值。当然，这种情况较少，且是短期行为，在长期中，厂商要生存和发展，其利润必然大于零。这里我们按照长期观点进行分析，制造商和网络零售商利润都大于零，$\pi_m^*>0$ 和 $\pi_d^*>0$，即都有利可图，二者都有维持合作的动机。不仅如此，要使二者维持长期合作还应满足条件，集中决策供应链利润 π_t 能在制造商和网络零售商之间进行“合理”分配，所谓“合理”，即制造商和网络零售商各自都能接受的自己可获得的最低利润。

2. 利润“合理”分配分析

（1）利润“合理”分配的最优化问题。在满足，$\pi_m > 0$ 和 $\pi_d > 0$ 的条件下，利润 π_t 的合理分配方案是由制造商和网络零售商的讨价还价能力决定的。根据纳什积的基本原理，利润分配是由讨价还价双方风险偏好的差异性系数 η 决定的，二者中谁的风险规避程度越强，即 η 值越小，谁获得的利润分配就越少；反之则越多（谢识予，2012）。

这里，谈判双方的讨价还价问题可以用 $B(S,\ d,\ \pi_m,\ \pi_d)$ 表示，其中 S 是可行分配集，d 为破裂点，π_m 和 π_d 为制造商和网络零售商的收益函数。在该合作博弈问题中，制造商和网络零售商进行利益的讨价还价，但讨价还价存在破裂的可能，在谈判破裂的情况下，博弈方可能得到的利益为“谈判破裂点”或称“破裂点”，用 d 表示，$d=(d_1,\ d_2)$。一般而言，谈判破裂点对讨价还价双方的态度和结果可能产生影响，至少博弈双方都不可能接受低于破裂点利益的分配 $s_i < d_i$ 的结果。在满足帕累托效率、线性变换不变性、对称性、独立于无关选择公理条件下，假设制造商是风险中性，网络零售商是风险规避性的，则制造商和网络零售商讨价还价问题的唯一解是由下面的约束最优化问题决定的：

$$\max_{\pi_m,\pi_d}\{[\pi_m(s)-\pi_m(d)][\pi_d(s)-\pi_d(d)]\} \tag{4-8}$$

$$\text{s.t.}\quad \pi_m+\pi_d^{1/\eta}=\pi_t$$

该最优化问题的解为讨价还价问题的纳什均衡解，该纳什均衡解是非线性优化问题的最优化点，最优化问题的目标函数为纳什积。因为该纳什积是凸函数（图 4－4 中阴影右上方的曲线），收益配置集为凸紧集（图 4－4 中的阴影部分），因此该最优化问题有唯一解。这里如果二者谈判破裂，双方都得不到利益，故破裂点为

(0, 0)，即 $\pi_m(d)=\pi_d(d)=0$。谈判破裂双方都没有收益，因此，合作达成协议对双方都有利。

根据讨价还价分配必须满足约束条件 $s_1+s_2\leqslant\pi_t$，代入 $s_1=\pi_m$ 和 $s_2=\pi_d^{1/\eta}$，则收益配置必须满足 $\pi_m+\pi_d^{1/\eta}\leqslant\pi_t$，分别以 $\pi_m(s)$ 和 $\pi_d(s)$ 为横坐标和纵坐标，得到风险偏好差异最优化问题的解（见图4-4）。

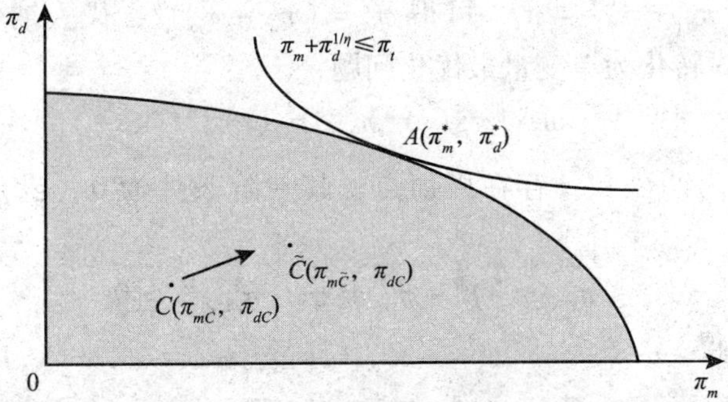

图4-4 风险偏好差异的纳什均衡解

资料来源：参见谢识予．经济博弈论（第三版），复旦大学出版社，2012.

在配置集边界以下，坐标原点右侧的灰色区域都是可行区域，边界内的任意点，都不是帕累托最优（Pareto Optimality），即不是资源分配的理想状态，因为在固有的一群人和可分配资源下，从一种分配状态到另一种状态的变化中，在没有使任何人境况变坏的前提下，可以使得至少一个人境况变得更好。如图4-4收益的边界内部任意一点 $C(\pi_{mC},\ \pi_{dC})$ 点，在不使博弈任何一方境况变坏的前提下，该点沿箭头方向向右上方移动到点 $\tilde{C}(\pi_{m\tilde{C}},\ \pi_{d\tilde{C}})$，此时，$\pi_{m\tilde{C}}>\pi_{mC}$，$\pi_{d\tilde{C}}>\pi_{dC}$，参与博弈的两方境况都变得更好，即两方的收益都得到了提高，存在帕累托改进的可能。同理，在边界内部的所有点，都存在帕累托改进，因此，边界内部点都不是帕累托最优，而只有在灰色区域的边界才可能达到帕累托最优。

但是，并非灰色区域边界点都满足要求，这是因为，还要同时满足条件，收益分配不大于总可分配收益 $\pi_m+\pi_d^{1/\eta}\leqslant\pi_t$，即，在博弈双方的讨价还价中，还必须满足 π_m 和 π_d 点在曲线 $\pi_m+\pi_d^{1/\eta}\leqslant\pi_t$ 上的约束条件，显然，只有灰色区域边界点和曲线 $\pi_m+\pi_d^{1/\eta}\leqslant\pi_t$ 的切点 A，才是帕累托最优，也是纳什均衡点。

（2）最优化问题的纳什均衡解。点 A 的具体位置与灰色区域边界和曲线 $\pi_m+\pi_d^{1/\eta}\leqslant\pi_t$ 的形状（曲线形状与 η 有关）有关。根据约束条件 $\pi_m+\pi_d^{1/\eta}=\pi_t$，可得 $\pi_d=(\pi_t-\pi_m)^\eta$，代入纳什积，将（4-8）式转化为单变量最优化问题：

$$\max_{\pi_m}\{\pi_m(s)[\pi_t-\pi_m(s)]^\eta\} \tag{4-9}$$

上式为凹函数，存在极值点，其一阶条件为 0（满足二阶条件），则

$$(\pi_t-\pi_m^*)^\eta-\pi_m^*\eta(\pi_t-\pi_m^*)^{1/\eta}=0$$

解之得：

$$\pi_m^*=s_1^*=\frac{\pi_t}{1+\eta},\ s_2^*=\pi_t-s_1^*=\frac{\eta\pi_t}{1+\eta},\ \pi_d^*=\left(\frac{\eta\pi_t}{1+\eta}\right)^\eta$$

最优解为：

$$\pi_m^*=\frac{\pi_t}{1+\eta},\ \pi_d^*=\left(\frac{\pi_t\eta}{1+\eta}\right)^\eta$$

该解为纳什均衡解，也是图 4-4 中的切点 $A(\pi_m^*,\pi_d^*)$。

从结果可以看出，讨价还价双方风险偏好的差异对讨价还价的结果有非常明显的影响。双方所得收益的差异取决于风险偏好系数 η，当网络零售商的风险偏好系数 η 越小，风险规避程度越强，其所得收益越小；反之，η 越大，其所得收益越大。

当 $\eta=1/5$ 时，此时网络零售商所得分配为 $\pi_t/6$，为总收益 π_t 的 1/6，是制造商收益的 1/5；

当 $\eta=1/2$ 时，此时网络零售商所得分配为 $\pi_t/3$，为总收益 π_t 的 1/3，是制造商收益的 1/2；

当 $\eta=1$ 时，此时网络零售商所得分配为 $\pi_t/2$，为总收益 π_t 的

1/2，与制造商收益相等。

至少在谈判不破裂的前提下，网络零售商的风险偏好程度越大，其收益越多，这也是经济活动中切实存在的二人博弈的“性格决定命运”理论的真实演绎。

由上述分析可知，现实中，制造商和网络零售商确实可以通过谈判维持长期合作关系，即供应链维持集中决策的策略是切实可行的。这一研究结论，对其他类似问题的分析同样具有借鉴意义。

4.5 算例分析

集中决策和分散决策价格和利润变化，与价格敏感参数和零售商服务水平的变化相关。下面，我们分析价格敏感参数和零售商服务水平变化对其他参数的影响作用。

4.5.1 价格敏感参数 λ 值变化的影响分析

给定 $v_0=1$，$c_m=c_d=0.2$，$s_d=0.3$，$\tilde{s}_m=0.2$（其他合理取值，结果与之类似），价格敏感参数 λ 值的变化对产品零售价格和供应链利润的影响见图 4－5。

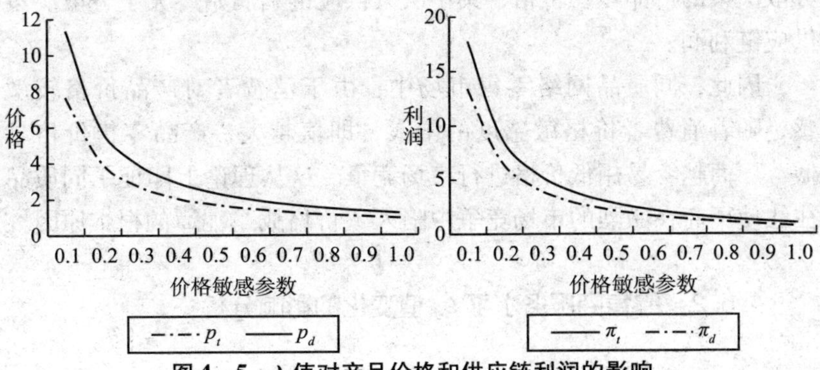

图 4－5　λ 值对产品价格和供应链利润的影响

资料来源：作者自绘。

由图4-5可知，其他参数不变时，当价格敏感参数 λ 值逐渐增大时，供应链集中决策和分散决策的产品零售价格和利润都减小。但在价格敏感参数 λ 值取得较小值 $0<\lambda\leqslant0.4$ 时，集中决策和分散决策的产品价格和供应链利润的变化幅度较大；当价格敏感参数 $0.4<\lambda\leqslant1$ 时，产品零售价格和供应链利润的变化幅度趋缓。

在价格敏感参数 λ 值较小时（$0<\lambda\leqslant0.4$），消费者对价格的敏感度稍微提高，反映在价格和利润上就会有较大幅度的变化，这是因为：在同质品的市场中，消费者认为产品是完全相同无差别的，在此情况下，用低价格购买显然是明智的选择。因此，消费者对价格越敏感，越倾向于低价格购买产品，这会促使网络零售商通过不断降低产品价格来迎合消费者，以获得市场竞争优势。

当消费者价格敏感参数达到较大值时（$0.4<\lambda\leqslant1$），价格敏感参数值再增加，已经不能促使产品价格大幅度降低。这是因为：此时产品价格已经到了极低的区域，由于成本约束，厂商的利润已经很薄，消费者价格敏感参数的进一步增大，产品价格虽然也会逐渐降低，但降低幅度有限，降低数值较小。$\lambda>1$ 的情况与之类似，这里不再赘述。

在整个价格敏感参数 λ 值不断增加的过程中，无论集中决策还是分散决策，产品销量都减小，但集中决策产品零售价格始终小于分散决策的产品零售价格，集中决策供应链利润始终大于分散决策供应链利润。

因此，同质品网络零售市场中，由于消费者对产品价格较敏感，随着消费者价格敏感度的增大，即值越大，产品零售价格越低，厂商越容易用低价格进行市场竞争。这从理论上印证了同质品往往使厂商在激烈的市场竞争中陷入“价格战”泥潭的根本原因。

4.5.2 零售商服务水平 s_d 值变化的影响分析

给定 $v_0=1$，$c_m=0.2$，$\lambda=0.5$，$\tilde{s}_m=0.2$，网络零售商单位产

品服务水平 s_d 值和服务成本 c_d 的变化对集中决策和分散决策供应链利润的影响如图 4-6 所示。

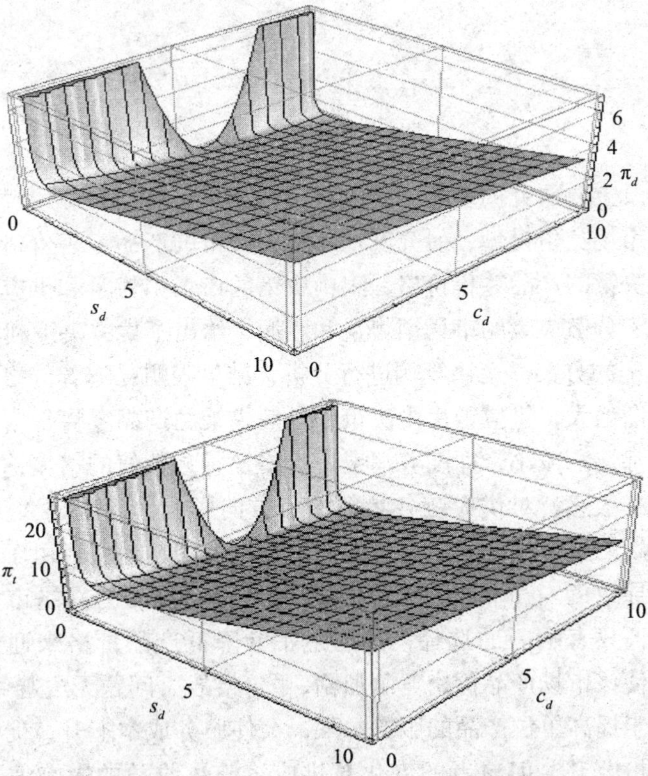

图 4-6　s_d、c_d 的变化对 π_t、π_d 的影响

资料来源：作者自绘。

由图 4-6 可知，当其他参数不变时，随着网络零售商服务水平 s_d 增大，集中决策和分散决策供应链利润都增大（服务成本 c_d 不增加）；随着网络零售商服务水平 s_d 减小，集中决策和分散决策供应链利润都减小，但这种情况一般不会发生。一般情况，随着网络零售商服务水平 s_d 的增大，服务成本 c_d 也增大，当网络零售商

单位产品服务水平 s_d 和服务成本 c_d 都增大时，无论集中决策还是分散决策，供应链利润增加幅度都较小。从而说明，在同质产品网络零售市场中，提高服务水平，对提高利润的贡献水平有限。

4.6 本章小结

本章主要研究同质品网络零售市场竞争策略问题。通过建立网络零售市场竞争模型，研究发现，集中决策的产品零售价格小于等于分散决策的产品零售价格，集中决策的市场销售量和供应链利润大于等于分散决策的市场销售量和利润，给出了集中决策利润“合理”分配的方案。运用算例进行分析，结果表明：随着价格敏感参数值逐渐增大，供应链集中决策和分散决策的产品零售价格与供应链利润都逐渐减小，即随着消费者价格敏感参数值的增大，消费者对价格越敏感，对供应链各参数的负方向影响作用也越大。显然，网络市场的虚拟性、商品搜索的便利性以及网购消费者由于无法接触商品导致的对价格的极度敏感性，使得同质品的网络市场竞争中，厂商只有唯一的选择，即通过不断降低产品价格来迎合消费者，致使该市场产品价格竞争加剧，“价格战”问题无法避免。

由于提高单位产品的服务水平，会使服务成本上升，促使产品零售价格上升，但二者的变化对供应链整体收益的影响情况较复杂，但总体趋势显示，提高服务水平并不一定能够较大幅提高供应链整体收益，显然，同质品网络零售市场上，单纯依靠提高服务水平，并不一定能提高产品的市场竞争力。

针对同质品市场中产品价格不断降低，导致假冒伪劣产品充斥市场，严重危害了消费者的权益，为解决这种价格恶性竞争的困局，本书提出一种解决同质品“价格战”的方案，即利用产品的水平差异化特征，开展水平差异化市场竞争，这一解决方案将在第五章进行深入分析。

第5章　同质品网络市场价格恶性竞争问题解决方案研究

——利用产品的水平差异化特征

5.1　引　言

第四章提出可以运用水平差异化策略解决同质品价格恶性竞争问题，本章重点解决这一问题，即在网络零售市场中，利用产品水平差异化特征，进行产品水平差异化竞争。

产品水平差异化是指产品没有质量、性能上的差异，但产品之间具有其他特性上的差异，比如，实体市场中消费者更愿意就近购买商品，而不是舍近求远，这里距离就是水平差异化特征。因此，产品具有水平差异化条件下，产品在消费者心目中事实上有了差异，因此，厂商可以利用这一差异化特性展开市场竞争。

网络虚拟环境下，消费者看不到、触摸不到实际的产品，仅能通过视觉、听觉等来了解产品获得体验，因此网络环境下的消费者购买行为更为复杂，它不仅受到产品本身特性的影响，还与网络技术状况、网站设计水平、买卖双方交流通道是否通畅及时、网购消费者在购物前与购物中及购物后的体验等有关，这些与实体市场情况不同，显然，网购消费者的视觉、听觉等体验直接影响着网上购买行为的发生。以往相关文献更多地从实体市场的消费者购物意愿（杜立婷、李东进，2017）、冲动性购买（张维亚、陶卓民，2012）、消费者满意度（陈范娇，2016）、产品体验和忠诚度（邱晔、刘保中、黄群慧，2017）等角度对市场竞争的影响进行研究，取得了一些有价值的研究成果。

实体市场环境下的消费者体验与网络环境下的消费者体验不同，实体市场中，消费者可以通过视觉、听觉、触觉、味觉甚至可以直接打开产品看到内部结构等获得个体体验，它基本可以获得产品质量的真实信息，而网络虚拟环境下的消费者体验与之不同。这是因为，网络环境是一种虚拟环境，消费者根本接触不到产品本身，这种环境下消费者获得的个人感受或体验就显得尤为重要，比如，一些人，特别是年轻人，几乎对网络游戏达到了一种“痴迷”的程度，俗称的“网瘾”，这就是一种消费者体验，这种“痴迷”一旦形成，会使人在很长一段时间沉浸其中，自得其乐难以戒除。网购环境涉及诸如网站设计、商品的陈列（电子目录）、商品图片、视频、配音效果和消费者咨询回复等，甚至是网络购物虚拟环境本身及它所带来的便利性，都可以使消费者产生一种心理上的依赖，是一种切实的心理上的体验。这里引用“流”理论中的心流体验概念来阐述。心理学家契克森米哈赖（1975，1988）认为，心流体验是一种将个人全部精力完全投入某活动中，即全神贯注于某活动而产生的一种感觉，它是人在专注于某活动中表现出来的一种心理状态，是一种使人对所进行的活动产生“痴迷”、完全沉溺其中、不受外来干扰，甚至忘记时间流逝的一种状态。网络市场中好的心流体验能够刺激消费者的购买欲望，这也造成了产品在消费者心目中事实上的差别化，这种差别化我们称为水平差异化。这里，将心流体验引入网络购物环境中作为影响消费者购买的一个重要影响因素，目的是分析研究这种水平差异化特性对产品市场竞争的影响作用。

豪特林模型是研究水平差异化的主要工具，它在研究线性空间厂商选址中得到了广泛的应用。本章在以往学者研究成果的基础上，在引入产品水平差异化参数基础上，构建流理论豪特林模型，以研究具有水平差异化产品网络零售市场竞争策略问题。

5.2 基于水平差异化参数的同质品市场竞争模型建立

假设网络市场中有两寡头厂商，分别是厂商1和厂商2，他们生产的产品分别为产品1和产品2，两厂商仅在网络市场销售自己的产品，且这两种产品没有质的差别，即没有质量差异化，仅有水平差异化。

假设市场中存在众多网购消费者，他们在线性空间［0，1］上均匀分布，两厂商距离该线性空间左端点的距离分别为 $x(0\leqslant x\leqslant 1)$ 和 $y(0\leqslant y\leqslant 1)$，且 $x<y$；不妨假设位置在 $x_i(x<x_i<y)$ 的消费者从厂商 i 处购买产品需负担运输费用分别为 $t(x_i-x)^2$ 和 $t(x_i-y)^2$，其中，t 为单位运输成本，不失一般性，为简化计算，这里假设 $t=1$；由于厂商提供的产品没有质量差异性，仅是产品水平差异化特征不同，网络市场中的消费者对不同差异化特征产品具有不同的偏好，他们各自购买自己偏好的产品。且由前述分析可知，消费者在购买两产品过程中会产生心理上的差异化，这里 $\alpha(0\leqslant\alpha\leqslant 1)$ 和 $\beta(0\leqslant\beta\leqslant 1)$ 分别代表网购消费者购买产品 i 的水平差异化参数，该参数越大，表示产品的水平差异化程度越大，则网购消费者越愿意购买该产品；$q_i(i=1,2)$ 分别代表产品 i 的市场销售量，市场总容量为1。当网购消费者购买产品1时，能够获得来自对该产品的水平差异化量为 αq_1，购买产品2能够获得来自对该产品的水平差异化量为 βq_2。

假设市场空间足够大，使得有意愿购买产品的每个网购消费者至少能买到一单位其想要的产品。产品的保留价格为 $v_0(0\leqslant v_0\leqslant 1)$；$c_m(c_m>0)$ 为单位产品的生产成本；当两产品价格分别为 $p_i(p_i\geqslant 0)$，且不大于产品的保留价格 v_0 时，消费者是否购买产品是通过对产品的效用判断来决定的，假设两厂商分别位于 x_i 的左右两侧，产品水平差异化网络市场竞争模型见图 5-1。

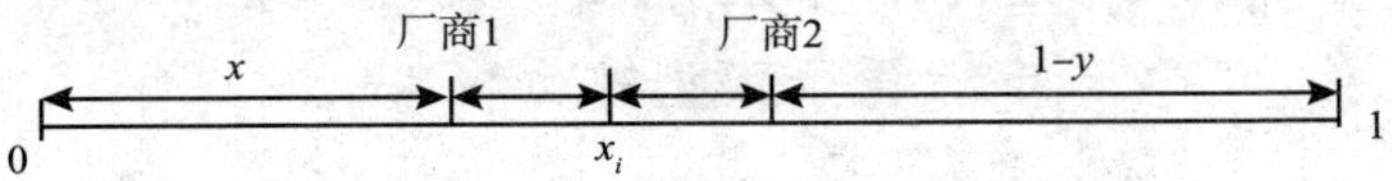

图 5-1 产品水平差异化网络市场竞争模型

资料来源：本图根据相关论文的理论绘制，参见 Hotelling H. Stability in competition [J]. Economic Journal, 1929, 153 (39): 41-57。

由上述假设，在产品具有不同水平差异化特征的情形下，当市场均衡时，购买产品 i 的网购消费者效用分别为：

$$\begin{cases} U_1 = v_0 - p_1 - t(x_i - x)^2 + \alpha q_1 \\ U_2 = v_0 - p_2 - t(x_i - y)^2 + \beta q_2 \end{cases}$$

$U_i(i=1, 2)$ 分别代表购买产品 i 的消费者效用，网购消费者在线性空间中的位置 x_i 由 $U_1 = U_2$ 确定，则：

$$x_i = \frac{p_1 - p_2 + x^2 - y^2 - \alpha q_1 + \beta q_2}{2(x-y)}, \ (x \neq y) \tag{5-1}$$

由于 $x < x_i < y$，$2(x-y) + \alpha + \beta < 0$（以下同），$x_i$ 为一个分界点，此时，x_i 左侧的消费者购买厂商 1 的产品 1，x_i 右侧的消费者购买厂商 2 的产品 2，令 $x_i = q_1$，则产品 i 的市场销售量分别为：

$$\begin{cases} q_1 = \dfrac{p_2 - p_1 - x^2 + y^2 - \beta}{-[2(x-y) + \alpha + \beta]} \\ q_2 = \dfrac{p_1 - p_2 + x^2 - y^2 - 2(x-y) - \alpha}{-[2(x-y) + \alpha + \beta]} \end{cases} \tag{5-2}$$

当厂商 1 和厂商 2 交换位置，即 x 和 y 互换，讨论方法与此相同。

已有研究认为，当两厂商在 x_i 的同侧，且位置不重合，即 $0 \leqslant x_i < y \leqslant 1$ 或者 $0 \leqslant y < x_i \leqslant 1$，此时，两厂商之间采取杀价方式进行

竞争，不在本书讨论的范围。当两厂商位置重合时，影响消费者购买的因素只有产品价格 p_i，在伯特兰德价格竞争条件下，两产品价格趋向于 $p_1=p_2=0$，市场利润趋向于 $\pi_1=\pi_2=0$，显然，这是两厂商的严格劣策略，理性的厂商不会这样选择。

由此，我们仅研究两厂商在非重合位置，在 x_i 的非同侧位置进行竞争，下面据此进行问题的分析研究。

5.3　模型求解

这里我们仅考虑一种情况，两厂商不合作，即分散决策。在只有水平差异化的市场竞争中，两厂商难以合谋或勾结进行集中决策，这是因为，在产品仅存在水平差异化的条件下，产品本身没有质的差别，如果厂商合谋集中决策，则产品的性质向完全同质化方面转化（即没有水平差异化），相当于前面的同质品的市场竞争问题，在这里不进行重复研究。

所以，这里仅研究两厂商分散决策情形的市场竞争策略问题，在分散决策模式下，两厂商如何通过市场竞争，使自己获得更多的收益，即自己产品的市场占有率更高，价格更具有竞争优势，获得利润更多。

在分散决策模式下，根据问题的特点，两厂商需要确定各自的市场位置和产品价格，借鉴豪特林模型的求解规则，求解过程分两阶段进行。第一阶段，首先两厂商各自选择在线性空间中的位置；第二阶段，两厂商各自确定自己产品的价格，运用逆向归纳法求解这一博弈过程。

5.3.1　产品价格的确定

在市场竞争中，理性的厂商在市场中总是以利润最大化为目标，两厂商利润最大化的最优化问题分别为：

$$\begin{cases}\max\pi_1 = (p_1 - c_{m1}) \times \dfrac{p_2 - p_1 + y^2 - x^2 - \beta}{-[2(x-y) + \alpha + \beta]} \\ \max\pi_2 = (p_2 - c_{m2}) \times \dfrac{p_1 - p_2 + x^2 - y^2 - 2(x-y) - \alpha}{-[2(x-y) + \alpha + \beta]}\end{cases} \tag{5-3}$$

在不影响研究结论的前提下，假设两产品的单位产品生产成本 $C_{m1} = C_{m2} = 0$，因为产品 1 和产品 2 是水平差异化产品，即没有质量上的差异，一般而言，在生产技术条件相当的条件下，同质品的单位生产成本相差无几，为了简化问题，这里令其等于 0 是合理的。

利润函数 π_1、π_2 分别对价格 p_1、p_2 求一阶偏导数等于 0，得到产品 1 和产品 2 的最优价格、分别为：

$$p_1 = \frac{1}{3}[y^2 - x^2 + 2(x-y) - \alpha - 2\beta],$$

$$p_2 = \frac{1}{3}[x^2 - y^2 + 4(x-y) - 2\alpha - \beta]$$

两产品的市场销售量分别为：

$$q_1 = \frac{x^2 - y^2 + 2(x-y) + \alpha + 2\beta}{3[2(x-y) + \alpha + \beta]},\ q_2 = \frac{y^2 - x^2 + 4(x-y) + 2\alpha + \beta}{3[2(x-y) + \alpha + \beta]}$$

5.3.2 厂商市场位置的确定

将上述 p_i、q_i 代入得到两厂商的利润函数：

$$\begin{cases}\pi_1 = \dfrac{y^2 - x^2 + 2(y-x) - \alpha - 2\beta}{3} \times \dfrac{x^2 - y^2 + 2(x-y) + \alpha + 2\beta}{3[2(x-y) + \alpha + \beta]} \\ \pi_2 = \dfrac{x^2 - y^2 + 4(y-x) - 2\alpha - \beta}{3} \times \dfrac{y^2 - x^2 + 4(x-y) + 2\alpha + \beta}{3[2(x-y) + \alpha + \beta]}\end{cases} \tag{5-4}$$

π_1、π_2 分别对 x、y 求一阶偏导数等于 0（满足二阶条件），得到两厂商的最优市场定位分别为：

$$x = \frac{-3 + 4\alpha}{4[3 - 2(x-y)]},\ y = \frac{15 - 8\alpha - 12\beta}{4[3 - 2(x-y)]}$$

将 x、y 的表达式代入，可得两产品的最优价格为：

$$p_1=\frac{(4\alpha+8\beta-9)(\alpha+\beta-3)}{6[3-2(x-y)]},\ p_2=\frac{(8\alpha+4\beta-9)(\alpha+\beta-3)}{6[3-2(x-y)]}$$

两产品的最优销售量为：

$$q_1=\frac{9-4\alpha-8\beta}{6[3-2(x-y)]},\ q_2=\frac{9-8\alpha-4\beta}{6[3-2(x-y)]}$$

两产品的最优利润为：

$$\pi_1=\frac{(4\alpha+8\beta-9)^2(3-\alpha-8\beta)}{36[3-2(x-y)]^2},\ \pi_2=\frac{(8\alpha+4\beta-9)^2(3-\alpha-8\beta)}{36[3-2(x-y)]^2}$$

下面，我们依据上述结果，进行市场竞争分析。

5.4　市场竞争分析

由前述分析可知，两产品的水平差异化参数 α、β 值共同对两厂商的市场竞争产生影响。因此，每个厂商在市场竞争中不但要考虑自己产品的水平差异参数值大小，而且还要考虑竞争对手产品的水平差异参数值的大小，与同质品的价格竞争不同，存在产品水平差异化的厂商应充分运用产品的水平差异化特征展开市场竞争。据此，下面对两厂商的市场竞争进行分析。

通过分析，两厂商在网络零售市场竞争中，受到一定的市场条件约束，这些约束条件包含价格约束、市场销售量约束和市场定位约束，如下所示：

$$\text{价格约束条件：}p_1\geqslant 0,\ p_2\geqslant 0 \tag{5-5}$$

$$\text{市场销售量约束条件：}q_1\geqslant 0,\ q_2\geqslant 0 \tag{5-6}$$

$$\text{市场定位约束条件：}\pi_1\geqslant 0,\ \pi_2\geqslant 0 \tag{5-7}$$

我们将上述约束条件放到一个二维坐标图中，以便比较清晰地表现市场竞争约束关系。其中，横坐标轴代表 α 值，纵坐标轴代表 β 值。α、β 与市场竞争约束的关系见图 5－2。

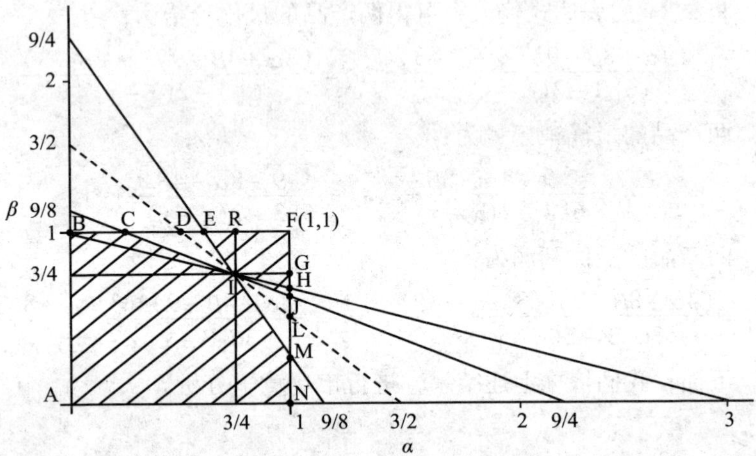

图 5 -2　产品水平差异参数与市场竞争约束关系

资料来源：作者自绘。

下面从满足定位约束与否二种情景对厂商的市场竞争情况分析。

1. 第一种情景：满足定位约束

满足定位约束，即厂商市场定位在既定的线性空间［0，1］内，此时，市场不仅要满足价格约束和市场销量两个约束条件，而且要满足市场定位约束条件，即满足式（5-5）至式（5-7）三个约束条件，这里反映在图 5-2 中的可选择市场区域为四边形 FRIH 阴影区域。从该图中可以看出，存在竞争的市场区域，但市场竞争区域相对狭小，市场竞争空间不足。

2. 第二种情景：不局限于定位约束

不局限于定位约束，即两厂商市场定位不局限于消费者分布的线性空间，此时，市场只要满足价格和销售量大于等于零的约束条件，即满足式（5-5）和式（5-6）约束条件即可。此时，市场竞争可选区域为图 5-2 中两个多边形 ABCIMN + FRIJ 的阴影区域。可见，相对于定位约束情形，此时，市场可选区域扩大很多。其中，多边形 ABCIMN［即 $3-2(\alpha+\beta)>0$］的阴影区域较大，此时两产品的水平差异化参数 α、β 取值较小，在这一较大市场区域内，厂商应根据具体情况适度调整竞争策略，以取得价格优势，抢占市场先机，扩大市场销售量，以获取更多利润。四边形 RIJF［即 $3-2(\alpha+\beta)<0$］的阴影区域较小，此时，两产品的水平差异化参数 α、β 值都较大，水平差异化参数值的较小变化，可能引起产品价格和市场销售量较大幅度的变化，因此，厂商应在该区域谨慎调整市场策略，以获得市场竞争优势。

有关定位不局限于消费者分布的线性空间的观点，有学者曾提出过对此观点的解释：厂商定位于消费者线性空间的约束条件证据不足，难以有充分的说服力，因为当定位于线性空间之外时，厂商仍能通过国际贸易等方式参与市场竞争，且市场竞争的均衡仍存在。这充分说明，厂商的产品（或服务）与线性分布空间内的消费者偏好可能不一致，但不能说明它与线性空间外的其他消费者偏好不一致（Tabuchi，1998）。

事实上，在电子商务市场中，由于距离已不足以成为市场竞争的影响因素，厂商的市场定位约束已经不能成为厂商进行市场竞争的主要阻碍因素，消费者完全不必局限于线性分布空间，特别是互联网将世界各地的厂商和消费者联系在一起，距离已经不能成为厂商和消费者之间联系的障碍，此时市场竞争范围空前扩大了。

通过上述分析，我们放松厂商市场定位约束条件是符合现实电子商务市场情景的。当放松市场定位假设条件时，厂商的市场竞争范围扩大了，几乎覆盖了绝大部分市场区域，之所以此时仍然有小部分市场区域没有被包含在竞争范围之内，可能是因为在这些区域内由于市场竞争中利润较薄或无利可图，从而使厂商放弃了这些市场区域的缘故，这一结论在电子商务迅速发展的今天，更符合我们所研究的网络零售市场竞争特点。

下面通过算例分析和模拟仿真，分析产品水平差异化参数值的变化对产品价格、市场销售量和利润的影响。

5.5 算例分析与模拟仿真

5.5.1 算例分析

算例分析水平差异化参数对价格、销售量和利润的影响，为简化问题，不失一般性，这里不妨假设 $\alpha \in [0.5, 1]$、$\beta \in [0, 0.5)$，[①] 即厂商 1 非常重视水平差异化，并不断采取措施提高自己产品水平差异化特征，其产品水平差异化参数值在较大范围内变化 $\alpha \in [0.5, 1]$，而厂商 2 对产品水平差异化特征不够重视，其产品水平差异化参数值在较小范围变化 $\beta \in [0, 0.5)$。下面分别取水平差异化参数值 $\beta = 0$，0.3，0.45；$\alpha = 0.5$，0.6，0.7，0.8，0.9，1.0 时，产品水平差异化参数值 α、β 的变化分别对产品价格、销售量和利润的影响见表 5－1。

表 5－1　　产品水平差异化参数变化对其他参数的影响

$\alpha/(\beta=0)$	p_1	p_2	q_1	q_2	π_1	π_2
0.5	1.429	1.042	0.583	0.417	0.834	0.434
0.6	1.436	0.933	0.611	0.389	0.878	0.363
0.7	1.453	0.815	0.646	0.354	0.939	0.289
0.8	1.485	0.681	0.691	0.310	1.025	0.211
0.9	1.538	0.525	0.750	0.250	1.153	0.131
1.0	2.500	0.333	0.833	0.167	2.083	0.056

① 而 $\alpha \in [0, 0.5)$，$\beta \in [0.5, 1]$，与之分析结果类似。

续表

$\alpha/(\beta=0.3)$	p_1	p_2	q_1	q_2	π_1	π_2
0.5	1.177	0.995	0.548	0.452	0.645	0.450
0.6	1.196	0.875	0.583	0.417	0.698	0.365
0.7	1.235	0.733	0.633	0.367	0.782	0.269
0.8	1.310	0.554	0.708	0.292	0.928	0.162
0.9	1.458	0.300	0.833	0.167	1.215	0.050
1.0	2.925	0.142	1.083	0.083	3.169	0.012
$\alpha/(\beta=0.45)$	p_1	p_2	q_1	q_2	π_1	π_2
0.5	1.030	0.994	0.515	0.485	0.531	0.482
0.6	1.056	0.867	0.556	0.444	0.586	0.385
0.7	1.114	0.705	0.619	0.381	0.610	0.269
0.8	1.247	0.467	0.733	0.267	0.914	0.124
0.9	1.600	0.000	1.000	0.000	1.600	0.000
1.0	(5.950)	(2.067)	(2.333)	(1.333)	(13.883)	(2.756)

资料来源：作者自制。

由表5-1可知，当$\beta=0$时，即厂商2完全不注重产品的水平差异化特性，而厂商1对自己产品的水平差异化特性重视程度逐步增大（假定由于提高产品水平差异化所需要多付出的成本较小，它包含在基本的服务成本等相关成本中，这里可以忽略），即产品1的水平差异化参数α在［0.5，1］较大数值范围内变动。此时，产品1的价格、市场销售量和利润都在不断增加。除了当$\alpha=1$时，各数值变化幅度较大外，其他数值的变化相对平稳。这说明，当厂商2不关注自己产品的水平差异化特性时，厂商1的产品随着其产品水平差异化参数值的增加，市场价格、销售量和利润都在不断增加，受厂商1产品的水平差异化特性的影响，消费者倾向于购买水平差异化参数值较大的产品，导致厂商2的产品价格、市场销售量和利润都在不断减小。且当厂商 1 产品的水平差异化参数达到极大值 1 时，其产品市场销售量和利润都比产品 2 的大得多，这说明，此时厂商 1 的产品在市场上获得了极大的成功，几乎达到了控制整个市场的水平。

当 β 开始增大，由 $\beta=0$，增大到 $\beta=0.30$ 和 $\beta=0.45$ 时，随着产品 1 的水平差异化值 α 不断增大，产品 1 的价格、市场销量和利润在不断增加。但是，当 $\beta=0$、$\beta=0.30$ 和 $\beta=0.45$ 时，在 α 取相同数值的情况下，随着 β 值的增加，对比三组数据的对应值发现，厂商 2 相应的产品价格、市场销售和利润还是有所增加，而厂商 1 相应的产品价格、市场销售量和供应链利润都有所减小。由此可见，厂商 2 提高产品的水平差异化值，确实能提高产品的市场竞争力，即厂商 2 产品的水平差异化参数值对厂商 1 产品的价格、市场销售量和利润也会产生一定的影响。

比如，当 $\alpha>\beta$ 时，厂商 1 降低自己产品的价格 p_1，厂商 2 保持产品的原价格不变。如表 5－1 中，选取 $\alpha=0.7$，$\beta=0.3$ 这一行数据，$p_1=1.235$，$p_2=0.733$，$q_1=0.633$，$q_2=0.367$，$\pi_1=0.782$，$\pi_2=0.269$。若厂商 2 维持原状，而厂商 1 此时把自己产品的价格 p_1 自觉降低到 p_1'，令 $p_1'<p_1$，即 $0.733=p_2<p_1'<1.235$，此时消费者更倾向于购买产品 1，即会出现产品 1 的销量比原来增加，此时，产品 1 的销量增加到 q_1'，则 $q_1'>q_1$。因为产品 1 的水平差异化参数值大，价格低，即价格低于在此水平差异化下的消费者价格预期，若厂商 1 考虑不降低利润，此时他只要满足 $p_1'q_1'=0.782$ 即可，显然产品 1 的市场占有率将会提高。

如果厂商 1 舍弃部分利润，此时他再降低产品价格，从 p_1' 降低到 p_1''，令 $p_1''<p_1'$，或者令 $p_1''=p_2$，此时，产品 1 的销售量还会再增加，由 q_1' 增加到 q_1''，则 $q_1''>q_1'$，满足厂商 1 预期利润条件 $p_1''q_1''<0.782$ 的某个值，此时，产品 1 的市场占有率会进一步提高。显然，采取高水平差异化策略的厂商，其市场控制能力更强，他可以通过降低自己产品的价格，从而提高市场占有率，达到压缩竞争对手的

市场竞争空间、进而将其驱逐出市场的目的。

当$\beta=0.45$时，各指标的变化基本符合上述变化趋势。但是，当$\alpha=1$、$\beta=0.45$时，产品的价格、市场销量、利润数据变化异常（表5-1中最后一行带括号的数值），数值的异常变化是由于在产品价格、市场销售量和利润函数的表达式中，其分母为零的缘故，这也是上面分析中α不取数值1、β不取数值0.5以便避开分母等于0的原因。

5.5.2　模拟仿真

由于产品的水平差异化参数α、β共同对产品的价格、市场销售量和利润产生影响，为了演示取值范围内数据的变化趋势，数据仿真α、β的变化与产品价格和销售量的关系。这里取$\alpha \in [0, 1]$，$\beta \in [0, 1]$，以演示两组数据在全部取值区间内变化对产品价格和市场销售量影响的情形。

这里需要说明的是，下面各图形的变化只有一半，即$\alpha \in [0.5, 1]$，$\beta \in [0, 0.5)$的部分与表5-1中数据分析的情况相符合，而另半部分图形是$\alpha \in [0, 0.5)$，$\beta \in [0.5, 1]$的情形，不在表5-1中，数据仿真α、β值的变化与对价格和销售量的关系见图5-3。

我们观察图5-3中$\alpha \in [0.5, 1]$和$\beta \in [0, 0.5]$的区域，图形变化趋势与表5-1的数值变化趋势基本相符。在其他区域，数值的变化情况，如图5-3所示，这里不再赘述。

上述各图中都存在横断面，这是因为存在分母$3-2(\alpha+\beta)=0$的缘故。横断面将图形分成左右两个区域，横断面的左侧$[3-2(\alpha+\beta)>0]$的区域较大，是厂商重点关注的区域，其数值的变化比较平缓，符合我们前面有关分析的数据变化趋势。

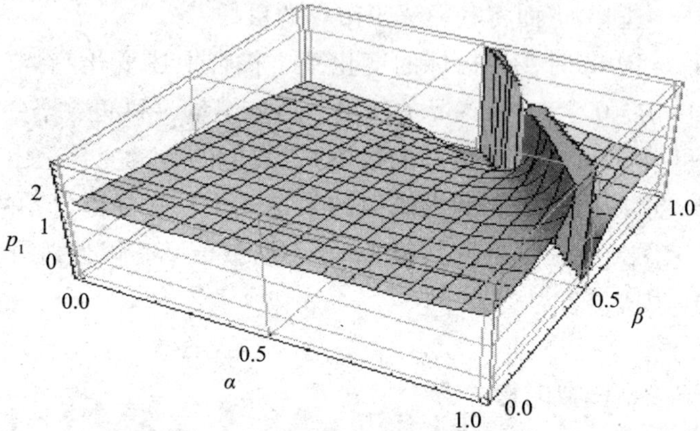
2
1
p_1
0
0.0
0.5
α
1.0
0.0
0.5
β
1.0

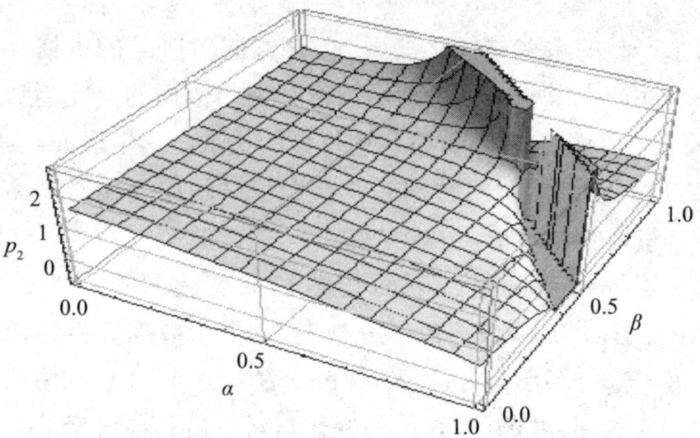
2
1
p_2
0
0.0
0.5
α
1.0
0.0
0.5
β
1.0

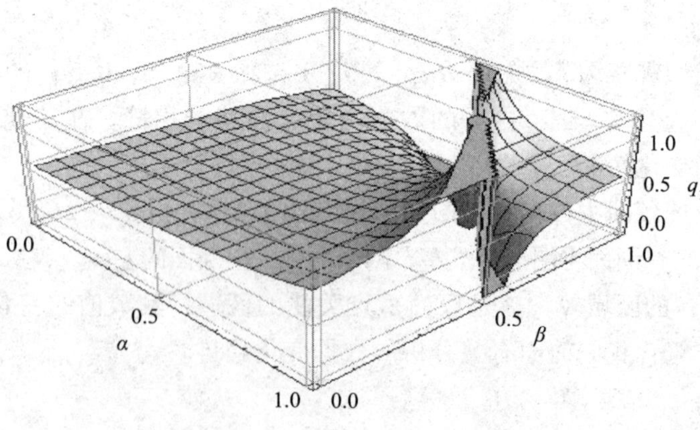
1.0
0.5
q_1
0.0
0.0
0.5
α
1.0
0.0
0.5
β
1.0

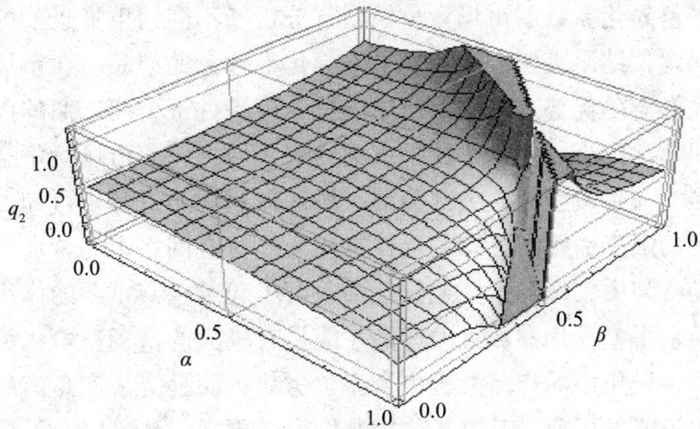

图 5－3　α、β 与 p_i、q_i 的关系

资料来源：作者自绘。

横断面右侧 $[3-2(\alpha+\beta)<0]$ 的区域较小，数据变化幅度较大，数值 α、β 的较小变动就可以引起产品价格和销售量的大幅度变动，因而市场竞争情况更为激烈。因此，作为厂商在该市场区域应谨慎选取自己的市场策略，以防止由于策略选择不当而丧失市场竞争优势。

通过上述分析可以看出，厂商对自己产品采取高水平差异化策略，确实能提高产品的市场销售量，从而获得市场竞争优势，且两产品水平差异化参数的相对大小对市场竞争格局产生一定的影响。当某一产品的水平差异化参数值达到极大值 1，而另一个产品的水平差异化参数值达到极小值 0 时，前者几乎可以完全控制整个市场。因此，对于厂商来说，通过利用或营造同质品的水平差异化特征，运用产品水平差异化特征展开市场竞争，确实可以获得较大的市场竞争优势。

5.6　本 章 小 结

本章在研究解决同质品价格恶性竞争问题中，通过构建基于产品水平差异化参数的市场竞争模型，分析了不同约束情景下的市场竞争问题，结果表明：产品水平差异化参数大的产品，在市场中具有较大的竞争优势。当满足市场定位约束条件下，两厂商的市场竞争空间非常狭小。但是，放松市场约束条件，厂商市场竞争空间扩大很多，几乎覆盖了绝大部分的市场区域。而通过分析可知，厂商定位不局限于消费者分布的线性空间，是符合网络市场特点的。在该市场空间中，产品水平差异化参数大小起着极其重要的作用，只有产品水平差异化参数大的产品才能具有较大的市场竞争优势，产品水平差异化小的产品处于市场竞争劣势。而且，采取高产品水平差异化策略的厂商，其市场的控制能力会更强，他可以在不提高产品价格的情况下，提高产品的水平差异化特性值，以吸引更多的消费者；也可以在其产品水平差异化参数不变的前提下，通过降低产品价格抢占市场，提高产品的市场占有率，从而将竞争对手的市场竞争空间压缩，最终达到将其驱逐出市场的目的。

因此，为解决同质品价格恶性竞争，设法运用或营造出比竞争对手更高的产品水平差异化特征，以产品水平差异化特征开展市场竞争，可以有效地解决同质品的“价格战”问题。该研究结论能为产品仅存在水平差异化的厂商展开市场竞争提供一定的指导，同时也可作为同质品营造水平差异化特征，运用水平差异化策略展开市场竞争的理论探索。

第6章 异质品网络零售市场竞争策略研究

6.1 引 言

异质品，这里指质量、性能等具有差异化的产品，从广义上说，是指厂商生产出比竞争对手更好的产品，这种更好的产品与其竞争对手的产品在质量、性能、技术等方面具有较大的差异性，产品之间有质的区别，它与水平差异化不同。异质品的质量差异化特性，也称为纵向差异化，狭义上的纵向差异化专指质量差异化，实体市场经济中，在成本、价格相同的条件下，好质量的产品永远具有差质量产品无法比拟的市场竞争优势。

以往学者们多从实体市场中质量差异化产品的厂商合谋等方面进行研究。如穆萨和罗森（Mussa and Rosen，1978）最早提出质量差异化模型，之后，在质量差异化程度和厂商合谋关系的研究中，更多的研究结论是合谋定价更容易发生在质量差异化较大的产品之间（Chang，1991）。哈克纳（Hackner，1994）的研究结论与此相似，他认为，较大的质量差异化会弱化厂商之间的竞争，且有利于合谋的维持。赵菊、邱菊和胡小建等（2017），康振宇、邱立成和王自锋（2017）研究认为，提高质量可以提高企业产品的市场竞争优势，但是，当因为改善质量而提高的生产成本完全抵消质量增加带来的收益时，企业将失去提高质量的内在动力。

在实体市场中，消费者可以通过视觉、触觉甚至多家产品的实际比较，分辨出产品质量的优劣，从而可以较好地选择产品。相关文献较少涉及网络市场产品质量差异化的竞争问题。在网络市场中，产品的质量由于不像实体市场中看货成交，消费者仅通过网商在网店发布的图片、视频、声音或说明文字等了解产品的质量，这给网购消费者辨别产品质量带来一定的困难，因此，其市场竞争情况更为复杂。

假设存在这样一类产品，他们的质量存在高低之分，不存在品牌差异和营销创新差异化等，这类产品在网上销售，销售商没有足够的证据向网购消费者证明自己的产品属于高质量产品，只有消费者购买之后，经过一段时间的使用才能知道产品质量的优劣，至于销售商发布的信息是否属实难以辨识，且网络市场中存在网商的失信问题，这就使得网购消费者对存在质量差异化产品的个体反应与实体市场不同。这里，在借鉴已有研究成果的基础上，研究网络零售市场中具有质量差异的异质品的竞争策略问题。

6.2 基于质量凸性参数的异质品市场竞争模型建立

假设网络市场中存在两寡头厂商，分别是厂商 Mah 和厂商 Mal（也可以推广为两类这样的厂商），他们分别生产高低质量水平不同的产品投放到网络市场中进行零售，其中，z_h、z_l 分别代表产品的高低质量水平；而且，仅将产品投入网络市场销售，两产品之间有很强的可替代性，但不是完全替代。由于高质量产品比低质量产品要投入更多成本，一般而言，高质量产品的价格较高，低质量产品的价格较低，即 $p_h > p_l$；两厂商给单位产品提供相同的服务水平 s_d；网络市场中存在众多消费者，他们依据自己的偏好购买不同质量水平的产品，假设网购消费者对产品质量的偏好 θ 服从［0，1］的均匀分布。网购消费者是否购买产品，或购买哪一种产品，是由他对产品的效用判断来决定的，由此，网购消费者购买高低不同质量水平产品的消费者效用函数可以表示为：

$$\begin{cases} U_h = \theta z_h - p_h + s_d \\ U_l = \theta z_l - p_l + s_d \end{cases}$$

当 $U_h = U_l$，消费者购买高低质量不同的两种产品的消费者效用无差异，可以得到消费者对质量偏好 θ_h 的临界值为 $\theta_h = (p_l - s_d)/(z_h - z_l)$；当消费者购买包括低质量产品在内的产品时，此时，$U_l = 0$，可以得到消费者对质量偏好 θ_l 的临界值为 $\theta_l = (p_l - s_d)/z_l$。

按照莫达（Motta，1993）的观点，产品的生产成本与质量的凸性程度密切相关，不同性质的产品质量凸性程度不同。这里，根据我们研究问题的特点，假设厂商 *Mah* 生产高质量产品的单位成本为 $c_h = z_h^n$，厂商 *Mal* 生产低质量产品的单位成本为 $c_l = z_l^n$，$c_h > c_l$，其中 n 是质量凸性参数，n 值的大小，反映了提高产品质量需要付出成本的递增程度，n 值的大小与质量的高低程度正相反，n 值越大，质量凸性程度越大，提升单位产品质量需要付出的成本增加量越少；反之，成本增加量越多。假设市场不完全覆盖，则购买高质量产品的消费者属于 $[\theta_h, 1]$，购买低质量产品的消费者属于 $[\theta_l, \theta_h]$，从而得到高低质量产品的市场销售量分别为：

$$\begin{cases} q_h = 1 - \theta_h = 1 - \dfrac{p_h - p_l}{z_h - z_l} \\ q_l = \theta_h - \theta_l = \dfrac{p_h - p_l}{z_h - z_l} - \dfrac{p_l - s_d}{z_l} \end{cases} \tag{6-1}$$

在这个供应链模型中，两厂商只进行价格、质量方面的竞争，第一阶段厂商进行质量竞争；第二阶段，厂商进行价格竞争。之所以先进行质量竞争，是因为，产品质量越高，产品的生产成本往往也越高，由此带来的产品价格也会越高；相反，产品质量越低，生产成本也越低，产品的价格也会越低。因此，两厂商首先决定产品的质量，然后根据产品质量的高低再决定产品的零售价格。现在要研究的问题是，异质品在质量差异化条件下，两厂商如何采取有效的市场策略，以提高自己的市场竞争优势问题。

下面，我们分两种情况进行讨论：第一种情况，两厂商不合作进行分散决策；第二种情况，两厂商合作进行集中决策。

6.3 异质品市场竞争策略

6.3.1 供应链分散决策模式策略

两寡头厂商进行不合作博弈，两厂商各自决定自己产品的质量和价格。对于理性的厂商，实现利润最大化是其最终目标。该决策过程分两个阶段进行，首先，两厂商分别决定各自产品的质量（同时），然后，再分别决定各自产品的价格（同时），由逆向归纳法求解该博弈过程。

1. 两厂商分别决定各自产品的零售价格

Mah 利润最大化问题为：

$$\max\pi_{dh}=(p_h-z_h^n-c_d)q_h=(p_h-z_h^n-c_d)\left(1-\frac{p_h-p_l}{z_h-z_l}\right)\tag{6-2}$$

π_{dh}是凹函数，存在极大值，π_{dh}对 p_h 的一阶条件为 0（满足二阶条件），得到 p_h 的反应函数：

$$R(p_{dl})=\frac{p_l+z_h^n+z_h-z_l+c_d}{2}$$

Mal 利润最大化问题为：

$$\max\pi_{dl}=(p_l-z_l^n-c_d)q_l=(p_l-z_l^n-c_d)\left(\frac{p_h-p_l}{z_h-z_l}-\frac{p_l-s_d}{z_l}\right)\tag{6-3}$$

同理，得到 p_l 的反应函数：

$$R(p_{dh})=\frac{(c_d+s_d)z_h+z_hz_l^n-s_dz_l+z_lp_h}{2z_h}$$

由反应函数问题的求解规则，得到纳什均衡价格 p_{dh} 和 p_{dl} 分别为：

$$\begin{cases} p_{dh}=\dfrac{(3c_d+s_d)z_h+2z_h^2+2z_h^{n+1}-s_dz_l-2z_hz_l+z_hz_l^n}{4z_h-z_l} \\ p_{dl}=\dfrac{2(c_d+s_d)z_h+c_dz_l-2s_dz_l+z_hz_l+z_h^nz_l-z_l^2+2z_hz_l^n}{4z_h-z_l} \end{cases} \tag{6-4}$$

将式（6-4）代入式（6-1），得到：

$$\begin{cases} q_{dh}=\dfrac{2z_h^2-2z_h^{n+1}+s_d(z_h-z_l)-2z_hz_l+z_h^nz_l+z_hz_l^n+c_d(z_l-z_h)}{4z_h^2-5z_hz_l+z_l^2} \\ q_{dl}=\dfrac{\begin{array}{c}-2c_dz_h(z_h-z_l)-s_d(2z_h^2-3z_hz_l+z_l^2)+z_h(z_hz_l+z_h^nz_l-z_l^2 \\ -2z_hz_l^n+z_l^{n+1})\end{array}}{z_l(4z_h^2-5z_hz_l+z_l^2)} \end{cases} \tag{6-5}$$

2. 两厂商分别决定各自产品的质量水平

由子博弈纳什均衡基本原理，将式（6-4）、式（6-5）代入式（6-2）和式（6-3），得到：

$$\begin{cases} \pi_{dh}=-\dfrac{z_h^2}{2}+\dfrac{(-c_d+s_d+2z_h)^2(z_h-z_l)}{(-4z_h+z_l)^2} \\ \pi_{dl}=-\dfrac{z_l^2}{2}+\dfrac{z_h(-2c_d+2s_d+2z_l)^2(z_h-z_l)}{z_l(-4z_h+z_l)^2} \end{cases} \tag{6-6}$$

π_{dh}、π_{dl} 式分别对质量水平 z_h、z_l 求一阶偏导数等于 0，得到：

$$\begin{cases} -z_h+\dfrac{8(-c_d+s_d+2z_h)^2(z_h-z_l)}{(-4z_h+z_l)^3}+\dfrac{(-c_d+s_d+2z_h)^2}{(-4z_h+z_l)^2} \\ \quad +\dfrac{4(-c_d+s_d+2z_h)(z_h-z_l)}{(-4z_h+z_l)^2}=0 \\ -z_l+\dfrac{4z_h(z_h-z_l)(-2c_d+2s_d+2z_l)}{zl(-4z_h+z_l)^2}-\dfrac{2z_h(z_h-z_l)(-2c_d+2s_d+2z_l)^2}{zl(-4z_h+z_l)^3} \\ \quad -\dfrac{z_h(z_h-z_l)(-2c_d+2s_d+2z_l)^2}{z_l(-4z_h+z_l)^2}-\dfrac{zh(-2c_d+2s_d+2z_l)^2}{zl(-4z_h+z_l)^2}=0 \end{cases} \tag{6-7}$$

不同 n 值下的产品价格、销售量和利润如图 6－1 至图 6－3 所示。

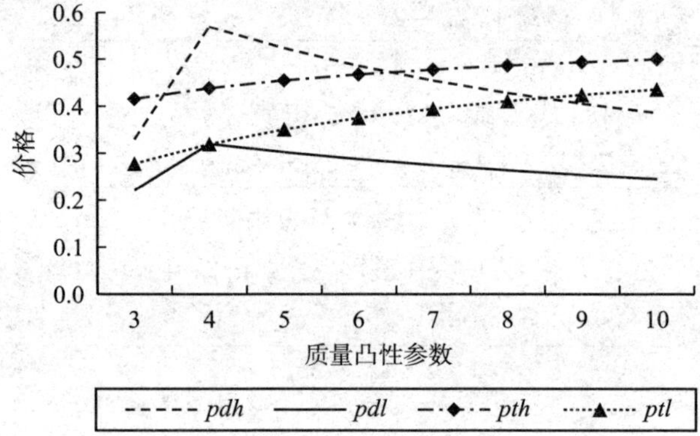

图 6－1 质量凸性参数与价格的关系

资料来源：作者自绘。

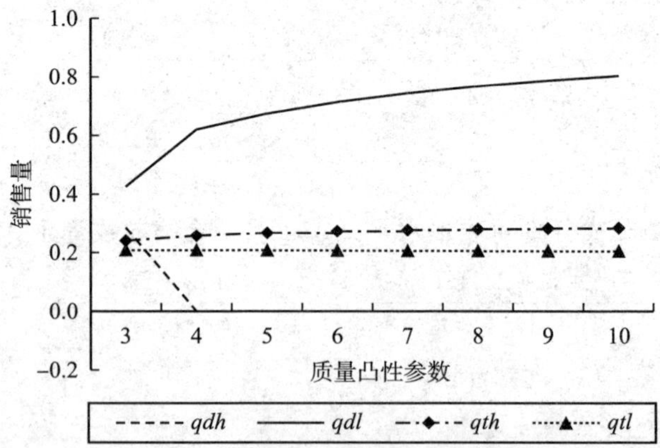

图 6－2 质量凸性参数与销售量的关系

资料来源：作者自绘。

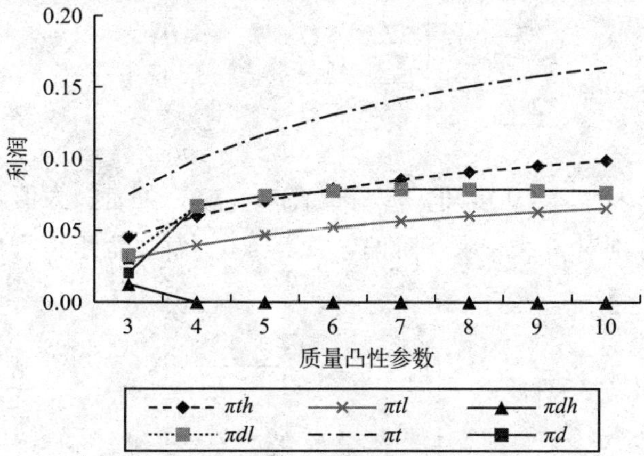

图6-3　质量凸性参数与利润的关系

资料来源：作者自绘。

6.3.2　供应链集中决策模式策略

两寡头厂商合作博弈，此时，两厂商的目标是实现供应链利润最大化（利润合理分配问题在第四章已分析，这里不予赘述），该利润最优化问题可以表示为：

$$\max\pi_t=(p_h-z_h^n-c_d)q_h+(p_l-z_l^n-c_d)q_l=(p_h-z_h^n-c_d)\left(1-\frac{p_h-p_l}{z_h-z_l}\right)+(p_l-z_l^n-c_d)\left(\frac{p_h-p_l}{z_h-z_l}-\frac{p_l-s_d}{z_l}\right) \tag{6-8}$$

由上述分析，两厂商首先决定产品的生产质量，然后再决定产品的价格，根据逆向归纳法分两阶段求解该博弈过程。

1. 产品零售价格的确定

设$\varpi_0(p_{h0},p_{l0})$为驻点，在$\varpi_0(p_{h0},p_{l0})$的某个邻域内，π_t有二阶连续偏导数，令$A=f_{p_hp_h}$，$B=f_{p_hp_l}$，$C=f_{p_lp_l}$，计算可知$A=-\frac{2}{z_h-z_l}$，$B=\frac{2}{z_h-z_l}$，$C=-\frac{2}{z_h-z_l}-\frac{2}{z_l}$，则由海瑟矩阵$H=$

$$\begin{vmatrix} -\dfrac{2}{z_h - z_l} & \dfrac{2}{z_h - z_l} \\ \dfrac{2}{z_h - z_l} & -\dfrac{2}{z_h - z_l} - \dfrac{2}{z_l} \end{vmatrix} = \frac{4}{z_h z_l - z_l}$$

由 $H>0$，$A<0$ 可知，π_t 在$\varpi_0(p_{h0}, p_{l0})$ 处有极大值。

π_t 分别对 p_h、p_l 求一阶偏导数等于 0，解方程组得到极值点即最优点：

$$\begin{cases} p_h = \dfrac{c_d + s_d + z_h + z_h^n}{2} \\ p_l = \dfrac{c_d + s_d + z_l + z_l^n}{2} \end{cases} \tag{6-9}$$

将式（6－9）代入式（6－1），得到：

$$\begin{cases} q_h = \dfrac{z_h - z_h^n - z_l + z_l^n}{2(z_h - z_l)} \\ q_l = -\dfrac{c_d(z_h - z_l) + s_d(z_l - z_h) - z_h^n z_l + z_h z_l^n}{2z_l(z_h - z_l)} \end{cases} \tag{6-10}$$

2. 产品质量的确定

将式（6－9）、式（6－10）代入式（6－8），得到：

$$\pi_t = -\frac{c_d(z_h - z_l) - s_d(z_h - z_l) - z_h^n z_l + z_h z_l^n}{2z_l(z_h - z_l)} \tag{6-11}$$

同理，π_t 对 z_h、z_l 求一阶偏导数等于 0，得到关于产品质量水平 z_h、z_l 的函数表达式：

$$\begin{cases} -\dfrac{c_d - s_d - nz_h^{-1+n} z_l + z_l^n}{2(z_h - z_l) z_l} + \dfrac{(c_d - s_d)(z_h - z_l) - z_h^n z_l + z_h z_l^n}{2(z_h - z_l)^2 zl} = 0 \\ -\dfrac{-c_d + s_d - z_h^n + nz_h z_l^{-1+n}}{2(z_h - z_l) zl} + \dfrac{(c_d - s_d)(z_h - z_l) - z_h^n z_l + z_h z_l^n}{2(z_h - z_l) z_l^2} \\ \quad -\dfrac{(c_d - s_d)(z_h - z_l) - z_h^n z_l + z_h z_l^n}{2(z_h - z_l)^2 z_l} = 0 \end{cases}$$

（6－12）

不同 n 值下的产品价格、销售量和利润如图6-1至图6-3所示。

6.4 异质品市场竞争策略分析

1. 集中决策和分散决策的比较

当 $s_d = c_d = 0.1$，分别取不同 n 值时，对集中决策和分散决策的价格、销售量和利润进行比较。

集中决策和分散决策的利润比较（见图6-3）。集中决策和分散决策的价格比较（见图6-1）。集中决策和分散决策的销售量比较（见图6-2）。

2. 不合作分散决策是厂商的必然选择

由图6-1至图6-3可知，集中决策比分散决策供应链利润大，产品销量高，但是集中决策比分散决策的产品价格高，显然，从供应链整体来说，集中决策策略并非最优策略。

另外，集中决策 *Mah* 的产品价格和销售量比 *Mal* 的产品价格和销售量高，分散决策 *Mah* 的产品价格比 *Mal* 的产品价格高，分散决策 *Mah* 的销售量比 *Mal* 的销售量小得多，$n>3$ 时，*Mah* 的销售量基本下降到0。

由此分析，在网络零售市场中，供应链集中决策，即两厂商合作博弈的基础已不复存在。从网络市场经济理论分析，由于网购消费者不能像在实体市场中能看货成交，且由于提高质量会使成本上升，此时，作为网购消费者很难判定两产品质量的差距（优劣）。显然，此时分散决策下，生产低质量产品的厂商 *Mal* 更具有价格和销量优势，作为理性的厂商 *Mal*，此时可以将生产高质量产品的厂商 *Mah* 完全“挤出”市场（*Mah* 提高质量其市场销售量和利润下降为0），自己独占市场，形成“劣币驱逐良币”的市场态势，即生产高质量产品的厂商最终退出市场，这也是网络零售市场中低质量产品充斥市场的原因之一。

由于厂商 Mal 能将厂商 Mah 驱逐出市场，形成 Mal 独占市场的局面，因而两厂商缺乏合作的基础。所以，作为理性的厂商 Mal，其最优策略是不与厂商 Mah 合作博弈，即采用不合作博弈进行分散决策，此时，他获得较低的产品价格和较高的市场销售量与利润，且可能将竞争对手 Mah 驱逐出市场。因此，在网络零售市场存在低质量优势。该分析结论与以往学者对实体市场中异质品相关文献研究结论不同。

3. 问题的解决方法

针对生产高质量产品的厂商，如何解决此问题，以摆脱困局？目前有学者提出一种方法，高质量产品以高价格进行实体店销售，低质量产品以低价格进行网络销售（拜喆喆和钱慧敏，2017），这也是目前解决异质品销售的一种方法。另一种方法，厂商 Mah 可以通过降低产品质量以降低产品价格，从而与生产低质量产品的厂商 Mal 进行竞争。但是，从长期来说，随着网络市场的不断发展与完善，厂商 Mah 采取提高产品质量、降低成本、从而以高质量赢得更多注重产品质量的消费者的策略应该是可行的。

6.5 本章小结

从以上分析可知，异质品网络零售市场中存在产品低质量优势，即产品采取低质量策略可以获得更大的市场竞争优势，这与网络市场的虚拟性相关，消费者不能看到、触摸到产品，很难判断其真实质量，往往选择以低价格购买，而并非产品本身质量造成的。因此，此类产品的网络市场销售中，特别是产品价值不高的产品，往往以低质量低价格占领市场，采取薄利多销的市场策略更为有利。但这类产品的质量不能太差，如果太差，也会失去市场竞争优势。不过这种情况只能说是一种短期策略，因为，长期而言，生产厂商会重视产品品牌的培育。一个良好的品牌，代表产品的质量水平（奢侈品除外），如果产品品牌深入人心，消费者会根据产品的品牌购买产品，这样，可以避免购买到低质量产品。

长期而言，随着网络市场的不断发展与完善，提高产品质量，以高质量产品赢得更多注重产品质量消费者的策略是可行的。为此，提出几点策略建议。第一，要建立健全电子商务法律法规，加大对以次充好，假冒伪劣厂商的打击力度。第二，平台提供商应加强对不法网商的治理，提高平台治理水平。第三，生产高质量产品的厂商要创建自己的品牌，加强品牌宣传，提高消费者对产品的认可度，以品牌赢得消费者。第四，不断培育和完善电子商务市场，提高网购“消费者成熟度”。一般而言，“消费者成熟度”越高，消费者对产品和市场越了解，消费者越注重产品质量和购物过程，越愿意对高质量产品支付高价格。反之，网购消费者越不成熟，对产品的了解越少，越不愿意对产品支付高价格，即便某种产品的质量远高于另一种产品，由于消费者不了解产品信息，担心上当受骗，也不愿意支付高价格。

因此，不断加强电子商务法律法规建设，创建产品品牌，改善网络市场生态环境，提高网购“消费者成熟度”，是高质量产品参与网络市场竞争、提高竞争优势的必由之路。

第7章 存在再制造品的消耗品网络零售市场竞争策略研究

7.1 引 言

这里，我们研究的消耗品，主要是指存在再制造品的低值易耗品。在消费品零售市场，耐用品与其消耗品是密不可分的，购买了耐用品的消费者，需要购买相应的消耗品才可以长期使用。在耐用品市场，厂商可以运用兼容性策略，以扩大自己的市场占有率，也可以利用不兼容策略锁定消费者。在消耗品市场，仅有新消耗品的情况下，与新消耗品和再制造消耗品共存的情况下，市场竞争的情况不同。在耐用品和消耗品市场研究中，国内外学者多从实体市场的耐用品与其消耗品的关系（Kuhn，1996，1998；苏昊，谭德庆和谭伟，2011）、产品的兼容性（高永全等，2014）、产品品牌（Siddiqui，2012）、耐用度[①]（Waldman，1993）等方面进行研究，取得了丰硕的研究成果。

再制造品，并非人们认为的简单维修或翻新的产品，而是一种对废旧部件实施高技术修复和改造的产品，但当前，由于对再制造

① 或计划报废。

品的认识不够，新品和再制造品在很多人的观念里还是具有一定差别的，因此，探索新产品和再制造品的网络市场竞争策略问题是必要的。这里，我们从耐用品市场竞争出发，探讨其差异化消耗品，即新消耗品和再制造消耗品的网络零售市场竞争策略问题。

基于此，假设网络零售市场中两寡头厂商（Mai，$i=1$，2）既进行耐用品的生产和销售，又进行消耗品的生产和销售。由此，两厂商进行耐用品和消耗品的双重竞争，市场竞争模型见图7-1。

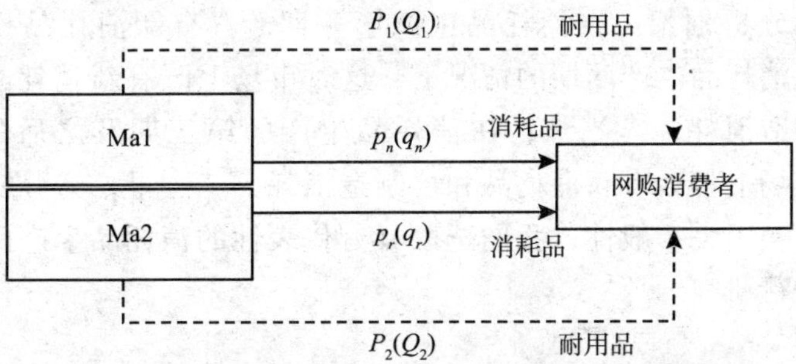

图7-1　耐用品及其差异化消耗品网络零售市场竞争模型

资料来源：作者自绘。

我们假设在一定时期内厂商生产某种产品，该产品包括两个部分，一部分是耐用品部分，一部分是消耗品（部件）部分。这种产品一经投入使用，耐用品部分可以重复使用较长时间，而消耗品部分随着使用时间或使用次数达到极限就需要更换（消耗品部分使用时间较耐用品部分来说短得多，表现为时期的不一致性）。如打印机市场，有惠普（HP）、佳能（Canon）、爱普生（Epson）等，打印机主体是耐用品部分，墨盒是消耗品部分，打印机可以使用多年，而墨盒随着不断使用要多次更换。为了研究方便，这里不妨假设耐用品只生产一期，其对应的消耗品生产两期。这一假设具有一定的合理性，因为，耐用品和消耗品厂商实际可以生产多期，各期的情况相类似（假设产品不进行升级换代）。在消耗品市场上，不仅其竞争受耐用品市场竞争的影响，而且，消耗品生产的第二期开始出现再制造消耗品，其市场竞争情况更为复杂。因此，我们选择耐用品生产一期，消耗品生产两期，更具有代表性。

这里首先从耐用品市场研究入手，在耐用品市场上，根据耐用品市场竞争的特点，通过建立耐用品市场数量需求函数，来确定耐用品厂商的市场份额，以此确定消耗品的市场容量，这与以往研究不同。其次，在耐用品数量确定的条件下，进一步研究消耗品市场的问题，与以往研究的不同在于，提出了消耗品两期生产的理论分析框架。在消耗品生产第一期，只有新消耗品投入市场，在消耗品生产两期的情况下，这时市场上既有新消耗品，也有再制造消耗品。当然，在消耗品生产的第三期及之后的第 n 期，市场上都会有新消耗品和再制造消耗品，这里，为分析问题方便，又不失一般性，我们选取具有代表性的消耗品生产两期的情况进行研究

7.2 耐用品市场份额的确定

1. 模型建立

假设市场中，两寡头厂商 $Mai(i=1, 2)$ 生产的耐用品具有兼容性（关于耐用品不兼容问题，我们以后在其他文献里进行讨论，这里不做研究），厂商只选择在网络市场销售其耐用品，$Ma1$ 是先入者（领导者），$Ma2$ 是跟进者（追随者）。在此条件下，耐用品市场销售量对后期要提供的消耗品数量具有一定的影响，这与现实市场结构基本相符。例如，在打印机市场，虽然生产厂商较多，但因其市场地位不同，比较有实力的生产厂商，在市场上处于领导者地位，市场占有率高，具有先动优势（如 HP 等打印机生产厂商），而其他厂商由于实力较弱，往往处于跟随者地位，市场占有率低，处于竞争的弱势。推而广之，我们将耐用品市场上的生产厂商分为

两类，一类为领导者，另一类为追随者，更具有一般性。

这里不妨假设两厂商在耐用品市场面临的需求函数为：

$$P(Q)=1-Q_1-Q_2$$

第 i 个厂商的利润函数为：

$$\pi_i(Q_1,\ Q_2)=[P(Q)-c_i-c_{smi}]Q_i$$

式中，$P(Q)$ 是耐用品的逆需求函数，为两耐用品的市场销售量，假设两厂商的单位耐用品的生产成本相等，即 $c_i=c(i=1,\ 2)$，厂商单位产品网络销售服务成本相等且为0，即 $c_{smi}=0(i=1,\ 2)$。

2. 模型求解

· 基于以上假设，两厂商进行产量上的竞争，且 $Ma1$ 具有先动优势。第一阶段：首先 $Ma1$ 在预测到 $Ma2$ 市场份额的前提下决定自己产品的产量；第二阶段：$Ma2$ 在 $Ma1$ 决定完自己产量之后再决定自己产品的市场份额（生产的产品能全部销售完），根据逆向归纳法对上述问题进行求解。

3. *Ma*2 决定自己耐用品的产量

首先考虑给定 Q_1 的情况下，求解厂商 2 的最优产量选择问题。

$Ma2$ 的市场最优利润函数为：

$$\max\pi_2(Q_1,\ Q_2)=(1-Q_1-Q_2-c)Q_2 \tag{7-1}$$

利润函数 π_2 是凹函数，存在极大值。为求解 π_2 利润最大化的最优解，由利润函数 π_2 对 Q_2 的一阶条件为0，得到：

$$Q_2=S_2(Q_1)=\frac{1-Q_1-c}{2}$$

4. *Ma*1 决定自己的耐用品产量

厂商 1 预测到 $Ma2$ 将根据 $S_2(Q_1)$ 选择 Q_2，厂商 1 的利润最大化最优利润函数为：

$$\max\pi_1[Q_1,\ s_2(Q_1)]=Q_1[1-Q_1-s_2(Q_1)-c],\ (Q_1<1-c) \tag{7-2}$$

利润函数 π_1 是凹函数，存在极大值。为求解 π_1 利润最大化的最优解，由 π_1 对 Q_1 的一阶条件为0（满足二阶条件），得到 $Ma1$

的耐用品最优产量为：

$$Q_1=\frac{1-c}{2}$$

从而得到 $Ma2$ 的最优产量为：

$$Q_2=\frac{1-c}{4}$$

$Ma1$ 和 $Ma2$ 的总产量为：

$$Q=Q_1+Q_2=\frac{3(1-c)}{4}$$

产品的市场价格为：

$$P(Q)=P_1=P_2=P=\frac{1+3c}{4}$$

两厂商在耐用品市场的利润分别为：

$$\pi_{R1}=(P-c)Q_1=\frac{(1-c)^2}{8}，\ \pi_{R2}=(P-c)Q_2=\frac{(1-c)^2}{16}$$

π_{Ri}为两厂商在耐用品上获得的利润。显然，$Ma1$（领导者）的最优销售量和利润均高于 $Ma2$（跟进者）的最优产量和利润。两厂商在耐用品上的利润和为：$\pi_R=\pi_{R1}+\pi_{R2}=\frac{3(1-c)^2}{16}$

这里，两耐用品厂商首先确定各自耐用品的市场份额，之后再以此作为确定消耗品市场销售量的依据，即通过耐用品的销售量来判断消耗品的市场可能容量。

7.3 存在再制造品的消耗品市场竞争模型建立

7.3.1 理论前提

与耐用品相关的消耗品，一般价格较便宜，且市场消耗量较大

（如打印机的墨盒等），属于低价值消耗量大的产品，这类产品一般比较适合网络销售。但由于消耗品中有再制造消耗品（如再制造墨盒等），这对消费者的选择存在一定影响。对于再制造品，“中国制造2025”中提出，大力发展再制造产业，推进再制造品的认定，促进再制造产业的可持续健康发展。由此可见，推进消耗品的再制造，是促进资源循环利用的大势所趋。

再制造并非人们认为的简单维修或翻新，而是对废旧部件实施高技术修复和改造，也就是说，它是一种以废旧部件或已损坏零部件为毛坯，通过特定先进的再制造工艺技术，在原有制造基础上进行一次新的制造，使再制造品质量达到甚至超过新品的技术工艺过程。

但当前，由于对再制造品的认识不够，人们普遍认为，再制造品的质量不及新品，甚至将再制造品作为“厌恶品”，这种观点短期内难以改变，基于此，其市场竞争机制与新品具有诸多不同。因此，这类再制造消耗品如果不能与新消耗品区分开，很难在网络上进行销售。消费者通过网络购物，不能看货成交，一旦收到货品发现是再制造品，而且该消费者又极端“厌恶”再制造品，退货又要承担运费，由于这类产品本身价格较低，投诉维权成本较高，得不偿失，网购消费者往往会放弃维权。显然，这些现实问题给这类产品的网络销售提出了极大的挑战。如果不将二者区分开，网购消费者可能放弃购买，或者以极低价格购买消耗品，这极不利于该类产品的网络市场销售。

不过，《中华人民共和国循环经济促进法》的实施，为再制造品的市场推广提供了法律依据。一方面它对促进我国循环经济的发展，提高资源利用效率起到了积极的促进作用；另一方面，该法案第四十条规定，再制造品企业必须在显著位置张贴“再制造”标识，目的是维护消费者知情权和选择权（有关再制造标识见图7-2）。

图7-2 再制造品标识及汽车零部件再制造标识

资料来源：国家相关部门对外公布的标识图。

循环经济促进法的实施和强制有关再制造品标识的张贴，为消费者购买不同类型消耗品（新消耗品和再制造消耗品）提供了基本的法律保障，消除了网购消费者的后顾之忧。再制造品的研究方面，刘志等（2016）研究了再制造闭环供应链生产设计与协调问题；王哲等（2019）研究了再制造品的环境征税问题。另外，有学者对再制造部件的通用性、再制造的质量和产品的回收处理（Subramanian et al.，2013；王玉燕和申亮，2018）等问题进行研究，取得了一定的研究成果。下面，针对网络零售市场中既有新消耗品和再制造消耗品的市场竞争问题进行分析研究。

7.3.2 模型建立

1. 模型建立

为了简化问题，在消耗品两期生产中，市场中有两种消耗品：一种是新消耗品，另一种是再制造消耗品，有关消耗品网络零售市场竞争模型如图7-1所示。

网络市场中的众多消费者是否购买或者购买哪种消耗品，是由其对产品的效用判断来决定的。假设消费者对消耗品的支付意愿服从［0，1］上的均匀分布，其密度函数为：

$$f(x)=\begin{cases}1, & x\in[0,1]\\0, & x\notin[0,1]\end{cases}$$

假设网购消费者对耐用品总的购买量为 $\tilde{\alpha}(0\leqslant\tilde{\alpha}\leqslant1)$，则网购消费者购买消耗品的总量（仅考虑消耗品生产两期的情况）为：

$$q_c = \tilde{\alpha}\int_{p_c}^{\tilde{\beta}} f(x)\,dx$$

式中，q_c 代表消耗品的总量，p_c 代表消耗品的价格，$\tilde{\alpha}$ 代表耐用品总的购买量，其取值在后面解决。则消耗品利润最大化的问题为：

$$\max\pi_c = (p_c - c_c)q_c$$

式中，π_c 代表消耗品的利润，c_c 代表消耗品的单位生产成本。

2. 消耗品效用函数

在考虑时间因素的条件下，由于耐用品和消耗品的生产是跨时期的，反映在购买了耐用品的消费者，经过一段时间的使用后，才会购买对应的消耗品。只不过，只要消费者购买和使用耐用品，就决定了他们必然要购买和使用对应的消耗品，且在耐用品使用过程中，消耗品可能要重复多次购买。

为了便于分析问题，假设耐用品只生产一期，且网购消费者只购买一种耐用品，消耗品生产两期，且从第二期开始，市场上不但有新消耗品，还有再制造消耗品，消费者可以根据自己的偏好购买新消耗品和再制造消耗品。假设两种耐用品是兼容的（这里，我们仅研究兼容的情况，对于耐用品不兼容问题，这里不做研究），也就是说，消费者无论购买厂商1还是厂商2的耐用品，都可以从两个生产厂商中的任意一家购买他们所需要的消耗品（新消耗品或再制造消耗品）。这里假设只有原始耐用品生产商生产消耗品，有关第三方制造商生产消耗品或再制造消耗品的情况我们将在其他文献里加以研究，在此不做研究。

一般情况下，由于人们普遍认为再制造品是一种质量低劣品（Subramanian，Ferguson and Toktay，2013），从内心深处认为它不如新品质量好，网购消费者对新消耗品的支付意愿为 k；而对再制造品的支付意愿是新消耗品支付意愿的一定分数值（Örsdemir et al.，2014），我们称它为支付偏好系数 $\delta(0<\delta<1)$，δ 越大，表示消费者对再制造品的支付偏好越大，即对再制造品越愿意支付较高的价格。

在消耗品市场，消费者是否购买消耗品或购买哪一类型消耗品，是由其对产品效用判断来决定的。因此，我们从效用函数着手对消耗品市场竞争问题进行研究。通过引入支付偏好系数 δ，构建新消耗品和再制造消耗品的消费者效用函数 u_n 和 u_r：

$$\begin{cases} u_n = k - p_n \\ u_r = \delta k - p_r \end{cases}$$

式中，u_n 为新消耗品的消费者效用，u_r 为再制造消耗品的消费者效用，p_n 为新消耗品的价格，p_r 为再制造消耗品的价格。

7.4 消耗品市场细分

7.4.1 市场细分

因为只有购买耐用品的消费者才会购买消耗品，两种耐用品具有兼容性，但是，网购消费者选择购买何种类型的消耗品（新消耗品和再制造消耗品）是由消费者偏好决定的。因此，从消费者偏好角度，将消费者分为两种类型，购买新消耗品的消费者和购买再制造消耗品的消费者。据此，对消费者市场细分如下：

类型 1 的网购消费者偏好新消耗品，满足条件：$u_n \geqslant 0$，$u_n \geqslant u_r \geqslant 0$；

类型 2 的网购消费者偏好再制造消耗品，满足条件：$u_n \geqslant 0$，$u_n \leqslant u_r$。

根据消费者偏好，不同类型消费者对消耗品的需求情况如下：

1. 类型1的网购消费者

类型1的消费者偏好满足条件：

$u_n \geqslant 0$，$u_n \geqslant u_r \geqslant 0$，得到 $k \geqslant p_n$ 和 $u_n \geqslant (p_n - p_r)/(1-\delta)$。

当 $p_n > (p_n - p_r)/(1-\delta)$，即 $\delta < p_r/p_n$，则 $u_n > u_r$，消费者只购买新消耗品，消费者购买新消耗品的数量为：

$$q_n = \tilde{\alpha}\int_{p_n}^{\tilde{\beta}} f(x)\,dx = \tilde{\alpha}\int_{p_n}^{1} f(x)\,dx = \frac{3(1-c)(1-p_n)}{4}$$

式中，q_n 为新消耗品的销售量。

当 $p_n \leqslant \dfrac{p_n - p_r}{1-\delta}$，即 $\delta \geqslant \dfrac{p_r}{p_n}$ 时，

又可分为两种情况：

（1）当 $(p_n - p_r)/(1-\delta) \leqslant 1$，即 $\delta \leqslant 1-(p_n - p_r)$ 时，消费者1购买新消耗品的数量为：

$$q_n = \tilde{\alpha}\int_{(p_n-p_r)/(1-\delta)}^{\tilde{\beta}} f(x)\,dx = \frac{3(1-c)[(1-\delta)-(p_n-p_r)]}{4(1-\delta)}$$

（2）当 $(p_n - p_r)/(1-\delta) > 1$，即 $\delta > p_n - p_r$ 时，消费者1购买新消耗品的数量为：

$$q_n = 0$$

2. 类型2的网购消费者

类型2消费者偏好满足条件：

$u_n \geqslant$，$u_n \leqslant u_r$，得到 $k \geqslant p_r/\delta$ 和 $k \leqslant (p_n - p_r)/(1-\delta)$，则不等式 $p_r/\delta \leqslant k \leqslant (p_n - p_r)/(1-\delta)$ 成立，即 $\delta \geqslant p_r/p_n$

又可分为以下三种情况：

（1）当 $(p_n - p_r)/(1-\delta) \leqslant 1$，即 $\delta \leqslant 1-(p_n - p_r)$ 时，消费者2购买消耗品的数量为：

$$q_n = \tilde{\alpha}\int_{p_r/\delta}^{(p_n-p_r)/(1-\delta)} f(x)\,dx = \frac{3(1-c)(\delta p_n - p_r)}{4\delta(1-\delta)}$$

（2）当 $(p_n - p_r)/(1-\delta) > 1$，即 $1-(p_n - p_r) < \delta < 1$ 时，消费者2购买再制造消耗品的数量为：

$$q_r = \tilde{\alpha}\int_{p_r/\delta}^{\delta} f(x)\,dx = \tilde{\alpha}\int_{p_r/\delta}^{1} f(x)\,dx = \frac{3(1-c)(\delta - p_r)}{4\delta}$$

式中，q_r 为再制造消耗品的销售量。

（3）当 $p_r/\delta > (p_n - p_r)/(1-\delta)$，即 $\delta < p_r/p_n$ 时，消费者不购买任何消耗品，即购买数量为：

$$q_n = q_r = 0$$

3. 实际可能实现的网购消费者购买新消耗品和再制造消耗品的数量

（1）当 $\delta < p_r/p_n$ 时，消费者只选择新消耗品的数量为：

$$q_n = \frac{3(1-c)(1-p_n)}{4}$$

（2）当 $p_r/p_n \leqslant \delta \leqslant 1-(p_n - p_r)$ 时，消费者可以有两种选择，则新消耗和再制造消耗品的数量分别为：

$$q_n = \frac{3(1-c)[(1-\delta)-(p_n - p_r)]}{4(1-\delta)}$$

$$q_r = \frac{3(1-c)(\delta p_n - p_r)}{4\delta(1-\delta)}$$

（3）当 $1-(p_n - p_r) < \delta < 1$ 时，市场上只有选择再制造消耗品的消费者，与实际不符，这里不予讨论。

7.4.2 市场细分分析

假设在消耗品的选择中，网购消费者根据自己的偏好，可能选择新消耗品，也可能选择再制造消耗品。根据消费者细分市场理论，下面对消耗品网络零售市场情景进行分析。由于第三种情景市场上没有新消耗品，只有再制造消耗品的情况与实际不符，这里不予讨论。

下面对前两种情景分析如下：

情景 1，网购消费者只偏好新消耗品。这种情况可以这样理解，消费者只偏好新消耗品，或者当厂商刚推出耐用品时，在耐用品销售中配备的消耗品还在使用的情况下，还没有产生废弃的消耗品，市场上没有再制造消耗品。这时候，消费者需要更换第一期消耗品时，只能更换新的消耗品，即满足条件 $0<\delta<p_r/p_n$，$p_n>0$，$0<c_r<c_n<c\leqslant 1$，c_n 为新消耗品的单位生产成本，c_r 为再制造消耗品的单位生产成本。两厂商的利润由耐用品收益和新消耗品利润两部分组成，即厂商的利润为：

$$\begin{aligned}\pi_1 &= \pi_R+\pi_{n1}=\frac{3(1-c)^2}{16}+(p_n-c_n)\times\frac{3(1-c)(1-p_n)}{4}\\ &= -\frac{3(1-c)}{4}p_n^2+\frac{3(1-c)(1+c_n)}{4}p_n-\frac{3(1-c)c_n}{4}+\frac{3(1-c)^2}{16}\end{aligned} \tag{7-3}$$

式中，π_{n1}为新消耗品的利润，

情景2，网购消费者可以有两种选择，新消耗品和再制造消耗品。在消耗品生产的第二期，消耗品市场上既有新消耗品，也有再制造消耗品，消费者可以选择购买新消耗品（一部分追求高品质产品的消费者倾向于购买新消耗品），也可以选择购买再制造消耗品。因为在消耗品更换的第二期，这时市场上已经有第一期淘汰的消耗品可以通过加工制成再制造品。之所以有一部分消费者会选择购买再制造品，第一种情况可能是因为有些消费者对新消耗品和再制造消耗品具有相同的偏好，选择哪种都无所谓；第二种情况可能是一些消费者是环保主义者，他们宁愿购买再制造品以利于环境保护；第三种情况是因为再制造品价格往往比新消耗品便宜很多，对价格敏感的消费者愿意低价购买再制造消耗品。满足条件 $p_r/p_n\leqslant\delta\leqslant 1-(p_n-p_r)$，$0<p_r<p_n$，$0<c_n<c\leqslant 1$，两厂商总利润包含耐用品利润、新消耗品利润和再制造消耗品利润，即：

$$\pi_2=\pi_R+\pi_{n2}+\pi_{r2}=\frac{3(1-c)^2}{16}+(p_n-c_n)\times\frac{3(1-c)[(1-\delta)-(p_n-p_r)]}{4(1-\delta)}$$

$$+(p_r-c_r)\times\frac{3(1-c)(\delta p_n-p_r)}{4\delta(1-\delta)}$$

$$=(p_n-c_n)\times\frac{3(1-c)[(1-\delta)-(p_n-p_r)]}{4(1-\delta)}$$

$$+(p_r-c_r)\times\frac{3(1-c)(\delta p_n-p_r)}{4\delta(1-\delta)}+\frac{3(1-c)^2}{16} \tag{7-4}$$

式中，π_{r2}为再制造消耗品的利润。

7.5 数值模拟与市场竞争分析

7.5.1 数值模拟

1. 情景1的数据模拟分析

一般而言，厂商进行规模化生产，其产品的成本基本是不变的，故假定c、c_n为常数，所以利润是新消耗品价格p_n的二次函数，对c、c_n在取值范围内选取不同的数值时（需考虑数据选取的合理性，因为耐用品与其消耗品的成本差距一般较大，如打印机与墨盒的成本相差近10倍），数据模拟见图7-3。

曲线$L1$、$L2$、$L3$和$L4$分别代表不同成本组合：$c=0.8$，$c_n=0.2$时；$c=0.6$，$c_n=0.2$时；$c=0.5$，$c_n=0.06$时和$c=0.3$，$c_n=0.08$时，p_n与π_1的关系如图7-3所示（取其他值，曲线形状与之相似，为了便于曲线之间进行比较，特将四条曲线放到一张图中）。从图7-3中可以看出，随着生产成本的降低，厂商总利润增加，这是曲线上移的根本原因。由图7-3可知，p_n和π_1的关系为：随着p_n的增大，π_1先增加，达到极大值后逐渐减小，由于函数π_1是凹函数，所以利润存在极大值点。

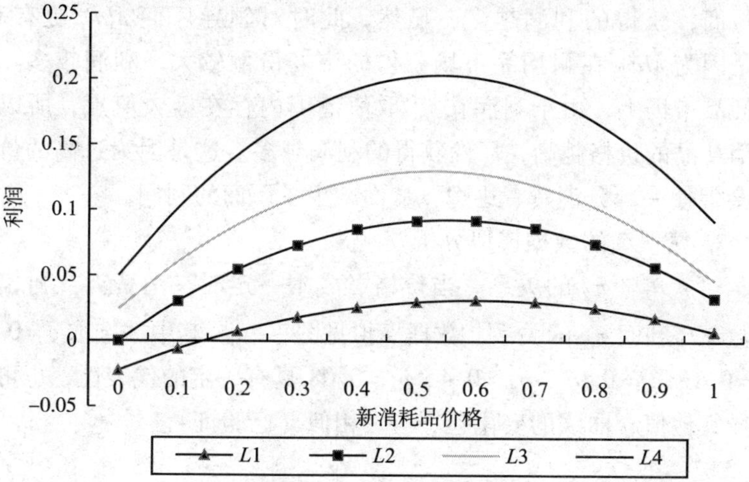

图 7-3　p_n 和 π_1 的关系

资料来源：作者自绘。

求解 π_1 的利润最大值，π_1 对 p_n 的一阶条件为 0（满足二阶条件），得到：$p_n=(c_n+1)/2$，则：

$$\max\pi_1=\frac{3(1-c)^2}{16}+\frac{3(1-c)(1-c_n)^2}{16} \tag{7-5}$$

在利润最大值的左右两侧，利润都会逐渐减小，即随着价格的增加，利润先增加，达到极大值后，又会随着价格的增加而减小。而且从成本的调整中可以看出，逐渐降低耐用品和消耗品的成本，利润会不断增加，极大值也在不断增大。因此，厂商的最优策略是将新消耗品的价格调整到 $p_n=(c_n+1)/2$ 的点，此时厂商获得的利润最大。

结论 1：由上述分析可知，当消费者仅购买新消耗品，厂商的竞争策略为尽可能将新消耗品的价格设定在 $(c_n+1)/2$，以获取最大利润。在利润极大值点的左侧，厂商提高 p_n 可以增加利润，在利润极大值点的右侧，减小 p_n 有利于增加利润；降低耐用品和新消耗品的成本 c、c_n，有利于增加利润；耐用品市场占有份额越大的厂商，获得的利润越多，显然，此时对领导厂商 $Ma1$ 更有利。这是因为 $Ma1$ 在耐用品市场获得的市场份额较大，利润较多。在消耗品市场上，由于利润在 p_n 取值范围内存在极大值点，所以并非消耗品的价格越高，厂商获得的利润越多。这是因为过高的价格 p_n 会促使一部分消费者逃逸，从而减少了厂商的利润。

2. 情景 2 的数据模拟分析

（1）δ 与 π_2 的关系。当价格、成本一定时，消费者支付偏好系数 δ 与利润 π_2 的关系，数据模拟见图 7 - 4。其中，选取 $c=0.4$、$c_n=0.1$、$c_r=0.03$、$p_n=0.4$、$p_r=0.08$ 具有一定的代表性，也可以选择其他值，曲线的变化趋势与之相似（已验证）。

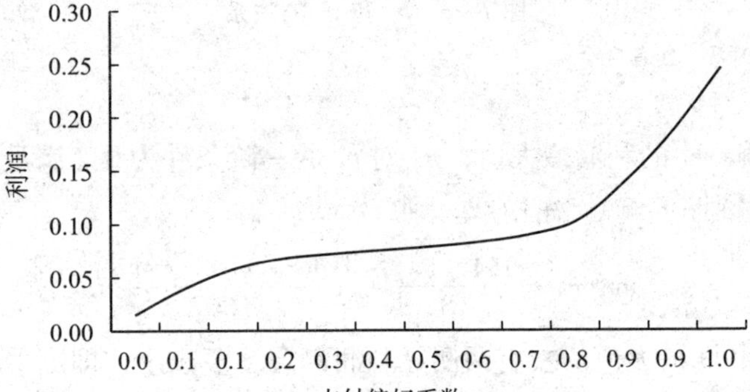

图 7 - 4　δ 与 π_2 的关系

资料来源：作者自绘。

满足给定条件，在 δ 较小的情况下，随着 δ 的增大，利润 π_2 增幅较大；当 δ 逐渐增大，并且在一定的范围内，δ 的变化对利润的影响趋缓；当 δ 很大，接近 1 时，此时利润 π_2 又会急剧增加。

结论 2：δ 的变化对 π_2 的影响情况较复杂，之所以出现这种情况，是由于消费者“满意度陷阱”（杨路明，陈文捷，罗裕海，2014）存在的缘故。有学者研究了消费者个体情绪、感官体验对消费者满意度的影响问题（张维亚和陶卓民，2012；陈范娇，2016；邱晔，刘保中和黄群慧，2017）。支付意愿与消费者忠诚度之间正相关，这种正相关关系存在着一段“不敏感区”，即“满意度陷阱”，在此期间有一个较长的“积累”区域。

在“积累”区域内，消费者对产品的满意（好感）程度是逐步积累的，消费者对产品的了解越多，对产品的内在品质知道得就越多，对网络平台的技术使用越熟练，网络销售商服务越周到，网购消费者对产品的购买量就越多也越满意，这种满意会逐渐积累，在此过程中厂商的利润也会逐渐增加。

在“不敏感区”，消费者虽然对产品满意，但满意度有限，还没有达到忠诚的地步，此时，消费者虽满意但不愿意多支付（购买），故厂商利润增加很少，只有突破了这一“不敏感”区，达到消费者忠诚，消费者才愿意多支付，这之后厂商的利润才能大幅度增加。因此，随着 δ 值的增大，消费者支付意愿分为三个区域，在最左侧，δ 值较小的区域为“积累区”，随着 δ 值的增大，存在一个“不敏感区”，即“消费者满意度陷阱”，然后，随着 δ 的进一步增大，则会达到消费者“忠诚”区。“消费者满意度陷阱”示意见图 7 – 5。

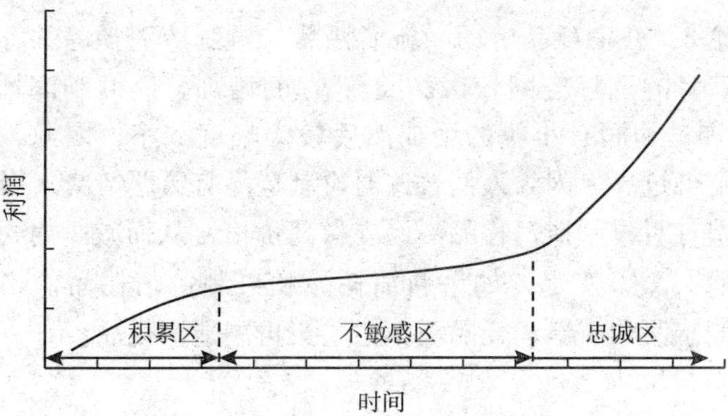

图 7 – 5　消费者满意度陷阱示意

资料来源：作者参照相关图书绘制，参见杨明路，陈文捷，罗裕海等. 客户关系管理（第二版）：重庆大学出版社，2014.

由图 7-5 可知，厂商在网络市场竞争策略的选择中，应尽量避开“消费者满意度陷阱”，将消费者“不敏感区”尽量缩小，使自己的产品给消费者带来超出预期的惊喜，才能突破“满意度陷阱”，实现消费者忠诚，达到大幅提高利润的目的。

（2）p_n、p_r 与 π_2 的关系分析。π_2 是 p_n、p_r 的函数，取 $c=0.4$，$c_n=0.1$，$c_r=0.03$，$\delta=0.5$，数据具有一定的代表性，当取其他数值时，图形的变化趋势与之相似，数据模拟 p_n、p_r 与 π_2 的关系见图 7-6。

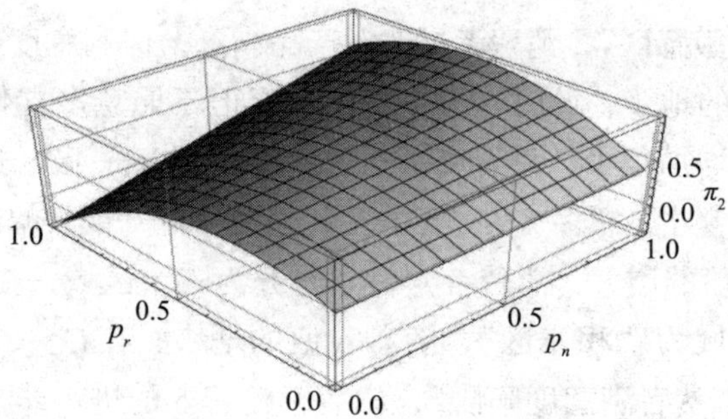

图 7-6 p_n、p_r 与 π_2 的关系

资料来源：作者自绘。

结论 3：在消耗品市场，新消耗品与再制造消耗品并存的情况下，消费者的选择空间较大。随着 p_n 的增加，厂商利润增加，随着 p_r 增加，利润有小幅的增加然后较大幅度减小，因此，p_r 的价格不宜定得过高。因为人们普遍对再制造品有厌恶情绪，当 p_r 增大时，消费者对再制造消耗品不愿支付高价格，从而减少对再制造消耗品的购买。事实上，如果新消耗品和再制造消耗品价格相差不大，人们宁愿购买新消耗品而不愿购买再制造消耗品。

7.5.2 市场竞争分析

耐用品及其消耗品跨时期生产以及消费者市场细分对网络

零售市场竞争具有显著的影响作用。根据研究，得到如下主要结论。

(1) 无论在耐用品市场还是消耗品市场，厂商降低成本总是有利于其利润的提高。

(2) 在耐用品市场上，先入者（领导厂商）可以得到市场认可而获得较大的市场份额，其耐用品的兼容性越小（转移成本越高）对其越有利，能够使其在消耗品竞争中获得更多的市场份额和利润，也能达到进一步锁定消费者的目的。不过，这种锁定在短期内是有利的，但从长远来看，这种锁定能否稳定还有待于厂商的不断努力（这里不做研究）。当其耐用品具有较大的兼容性时，厂商在耐用品和其消耗品两级市场上面临的竞争更加激烈。

(3) 在消耗品网络零售市场上，只存在新消耗品的情况下，厂商应尽可能地将消耗品的价格 p_n 定在 $(c_n+1)/2$ 处，以获取最大利润。大于或小于 p_n，厂商的利润都会减少，所以并非新消耗品的价格越高对厂商越有利。

(4) 在消耗品生产第二期，市场上会出现再制造消耗品与新消耗品相互竞争的现象。由于支付偏好系数 δ 的变化对利润 π_2 的影响情况较复杂，厂商应尽量避免掉入“支付意愿陷阱”之中，且利润随着 p_n 的增大而增加的幅度并不是太大；而随着 p_r 的增加，利润小幅上升之后步入较大幅度减小的趋势，说明再制造消耗品价格一般不宜定得过高。这也验证了由于人们普遍对再制造品具有厌恶情结，当新消耗品和再制造消耗品价格相差不大的情况下，人们宁愿购买新消耗品而不购买再制造消耗品，这也是再制造品定价较低的原因之一。因此，新消耗品和再制造消耗品共存的市场中，对于新消耗品应采取适宜的价格策略获得更多利润，对于再制造消耗品应采取低价格策略以占领市场，达到薄利多销的目的。

7.6 本章小结

本章主要分析存在再制造品的消耗品的市场竞争策略问题，根据消耗品及与其对应的耐用品的不可分割性，从耐用品市场入手，研究其对应的消耗品网络零售市场竞争策略问题。

首先确定耐用品市场份额，然后综合考察受耐用品的耐用度和兼容性影响的消耗品的市场容量，以此为基础，研究消耗品生产的两期。结果表明：在消耗品两期生产中，厂商可以通过价格策略获取更大的市场利润，但是，并非价格越高获利就越多，尤其是再制造消耗品的价格不宜定得过高。

总之，跨时期市场竞争中，在耐用品市场，厂商选择耐用品兼容情况下，可以通过采用新技术、提高品牌形象等方式，扩大市场占有率，以获得耐用品市场竞争优势。在消耗品市场，厂商可以通过价格策略获取更多的市场利润，但是，并非价格越高获利越多，尤其是再制造消耗品在网络市场销售中，更应以低价格策略抢占市场，以获得竞争优势。同时，加强再制造消耗品质量方面的宣传，使更多的消费者接受再制造品，以促进再制造品产业的发展。同时，应注重新消耗品的质量，以便满足追求高品质的消费者人群。

第 8 章　平台提供商网络零售市场竞争策略研究

8.1 引　　言

作为为网商和网购消费者提供交易平台的平台提供商，其在提供平台服务，维护正常经营秩序的同时，也有获利的要求。在网络市场中，平台提供商具有二重身份，第一，作为企业，是网络市场经济的参与者，赚取利润是它的最终目的；第二，作为网络市场交易平台的提供者，为网络交易双方提供服务的同时，又具有维护市场经营秩序的职责，即同时是网络市场运营的监督管理者。显然，平台的营利性可以反映平台的人气，平台的治理水平可以反映平台市场的经营秩序。不过，它参与市场竞争的方式与制造商和网络零售商等不同。一方面，平台提供商与网购消费者的关系，和生产商、网络零售商与网购消费者之间的关系不尽相同（这里不讨论平台提供商作为网络零售商销售产品的情形）。平台提供商与制造商、网络零售商、网购消费者之间更多的是吸引和被吸引关系，即平台提供商在考虑服务价格的同时，要不断提高技术和服务水平等，以吸引更多的生产商、网络零售商到自己平台销售商品，吸引更多的网购消费者到自己平台购买商品。

近年来，网络平台产业的快速发展为交易双方提供了极大的便利性，大大节约了交易成本，提高了交易效率。关于网络平台方面的研究，学者们主要从平台定价（张千帆和马宁，2017）、平台信息传播（李卫东和彭静，2019）、平台营利模式（同淑荣等，2018）等方面进行研究，相关研究成果为后续研究提供了一定的理论基础。我们对平台提供商的市场策略问题进行两方面探讨：一是研究平台提供商在网络零售市场上的营利性问题，二是研究网络零售商信用缺失的平台提供商治理策略问题。

在平台提供商网络零售市场营利性问题研究中，平台提供商作为以营利为目的的企业，其面临着其他平台提供商的竞争压力，为此平台提供商总是设法提高自己平台的营利能力以战胜竞争对手。在借鉴已有研究成果基础上，这里，我们以双边市场理论为基础，构建平台提供商市场竞争模型，对平台提供商的营利能力进行分析，并运用模拟仿真，分析研究相关参数的变化对平台提供商市场营利能力的影响。

在网络零售商信用缺失的平台提供商治理策略问题研究中，由于网络虚拟环境给网络零售商失信制造了可乘之机，一些网商为了一时得利，往往利用“刷单”、以次充好等手段欺骗消费者，以获得不法利益。而且，由于每笔交易金额较小，维权成本较高（法律对不法网络零售商的惩治问题，这里不予研究），消费者往往不愿报案，使得不法网商更加肆无忌惮，导致网络市场信用缺失，市场前景堪忧。长此以往，不仅损害其他合法经营网络零售商的利益，而且损害了平台提供商的利益，所以，需要平台提供商承担起平台信用维护的职责。与以往研究方法不同，本部分通过分析网络零售商失信的得益矩阵，构建演化博弈模型，分析网络零售商之间、网络零售商与平台提供商之间的动态博弈过程，探索解决网络零售商信用缺失的平台提供商市场治理策略问题。

8.2　平台提供商网络市场营利性研究

8.2.1　平台提供商网络市场营利模型建立

1. 理论前提

在网络市场中，作为网络市场中的重要参与者——网络平台提供商，在市场中扮演着十分重要的角色。随着电子商务市场的飞速发展，网络平台规模和商品种类的急增，平台的营利模式逐渐趋于成熟，根据网络市场“赢者通吃”的特性，处于领导地位的平台提供商将获得更多利润，由此，使得平台产业间的竞争日趋剧烈。

而网络平台产业的虚拟性，使之与实体产业有诸多不同，比如，它具有网络外部性和双边市场等特性。网络外部性概念最早由卡茨和夏皮罗（Katz and Shapiro，1985）提出，一个网络的价值取决于连接到该网络的用户数量。网络中的用户数越多，每个用户可以获得的价值越高，网络价值也越大，网络价值与网络用户数的平方成正比。学者们在研究具有外部性特征的产业过程中逐渐提出了双边市场理论，并依据这一理论解决了部分用传统经济学理论无法解释的一些问题。有关双边市场理论认为，两组参与者需要通过网络平台（或中间层）进行交易，进入平台的一类用户（销售商，即卖方）的收益取决于加入该平台的另一类用户（消费者，即买方）的数量，具有这类特征的市场被称作双边市场。在网络经济中，节点企业深受网络外部性的影响，只有规模足够大，网络市场才能形成。但是，双边市场理论中的网络外部性不仅取决于交易平台一边用户的数量，而且取决于交易平台另一边用户的数量。

网络平台作为一种产业组织形式，它由一个或多个平台提供商按照一定的策略或规则，为其双边用户（买方和卖方）提供服务，以促成交易的最终实现。网络平台向双边用户同时提供服务，但是，只有当平台双边的用户对平台提供的服务都有需求时，平台服务才有存在价值，否则，即便一边有需求的用户数量非常大，另一边没有用户，平台也没有存在的价值，平台没有存在价值的结果只有一个——被迫退出市场。由于双边用户的特性不同，它们的利益取向也不同，因此，平台无法使双边用户的交叉网络外部性内部化，只能通过一定的市场策略来解决这一矛盾问题。比如，初期为吸引商户和网购消费者到平台来交易，平台采取对双方全免费的策略。之后，随着平台的发展，到平台交易的商户和网购消费者数目增多，平台发展到相对稳定期，此时，平台采取的策略是向外部性较弱的一边（卖方）收取费用，对外部性较强的一边（买方）采取低价甚至免费的方式，从而吸引更多的网购消费者参与到平台交易中，以促进平台市场的繁荣发展。

有关网络平台问题的研究，桑卡和巴尤斯（Shankar and Bayus，2003）提出，网络外部性受网络规模和网络外部性强度的影响（网络外部性强度指网络规模每增加一个单位对需求产生的边际影响），网络规模越大、网络的外部性越强。张凯（2018）通过建立双边网络平台的博弈模型，分析了买方对平台市场的影响等问题。龚艳萍等（2018）根据双边市场理论，在实验研究自发式网络平台中的团购问题时发现，组团规模大小影响网购消费者的参团意愿，而产品类型在组团规模中对网购消费者参团意愿起到一定的调节作用等。总之，学者们从网络外部性方面和双边市场理论方面分别进行了一些探索，取得了一些有意义的结论。

本部分在已有研究成果的基础上，基于双边市场理论，通过引入平台可控参数技术服务差异化参数，对平台市场营利性问题进行分析，创新性地将模型放入实际网络市场环境中进行修正，并与理论模型进行对比，对问题进行重新认识，使得研究结论更具有一般性。

2. 模型建立

假设网络市场中仅存在两家垄断平台提供商（不失一般性、也可以推广为两类平台提供商），两家平台提供商各自运营一个网络平台，这两个平台又各自吸引众多的零售商和网购消费者（假设平台提供商不参与产品市场的零售，如果网络平台提供商参与的市场零售，也是作为网络零售商的一员，并不影响分析结果），则两平台进行市场竞争，以获取利润最大化为目标。

不妨假设这些零售商和消费者可以选择在其中一个平台（网站）上注册。平台的服务水平和技术能力越强，到某平台注册的零售商越多，他们提供的产品越符合消费者的需求，就能吸引越多的消费者去该平台注册和购买。反之，到某平台消费的消费者越多，平台知名度越高，越能吸引更多的零售商到该平台销售商品，商品的多样性又会反过来吸引更多的消费者到平台消费，使得平台业务更加欣欣向荣。

假定存在两个平台和双边用户、双边用户单平台接入的情形。两平台分别是平台1和平台2，不失一般性，两平台都有一定数量的零售商（卖方，用S表示）选择该平台销售产品，且他们销售的产品具有可替代性。市场中有众多网购消费者（买方，用B表示），他们可以根据自己的偏好购买某一零售商的产品。则两平台提供商的网络零售市场营利性模型见图8-1。

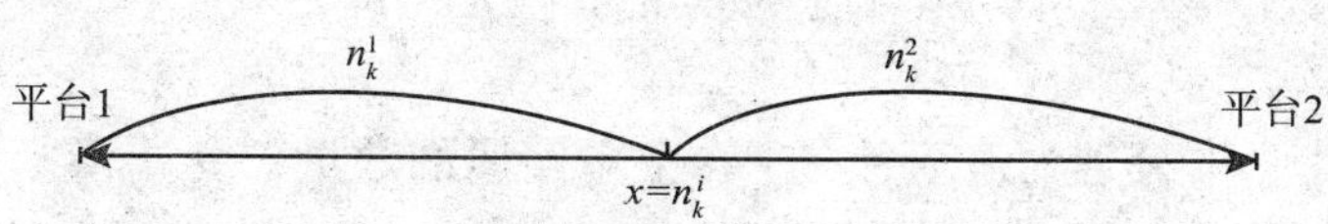

图8-1　平台提供商网络零售市场营利性模型

资料来源：本图依据相关论文的理论绘制，参见张凯．双边市场中用户前瞻性与平台定价策略选择．系统工程学报，2018（5）：637-648.

假设两平台间的距离为1，消费者距平台1的距离为x，距平台2的距离为$1-x$；消费者从平台购买产品的单位运输成本为t，

这里将 t 看作平台提供的技术和服务差异化参数，简称技术服务差异化参数，它是平台提供商可以通过提高自己的技术水平和服务水平来提高的参数，或者说是平台可控参数；$v_0(v_0 \geqslant 0)$ 为保留价格；$n_k^i(k=B, S; i=1, 2)$ 表示分别接入两平台的网购消费者和网络零售商的数量，两边用户都具有单归属性，即 $n_B^1+n_B^2=1$，$n_S^1+n_S^2=1$；U_k^i 表示网购消费者的效用；$\tilde{\lambda}$ 表示买方和卖方组间的网络外部性参数，它是用来衡量单个买方或卖方进行平台交易给对方带来的网络外部性大小的参数，是平台难以控制的参数。这里我们只研究双边用户间存在正网络外部性的情形，即 $\tilde{\lambda}>0$，假设平台不收取注册费，只向买方和卖方收取交易费 p_B^i 和 p_S^i。

不妨令 B 边的一个消费者到平台 1 的距离为 x，在 x 点处的消费者选择平台 i 的消费者效用分别为：

$$\begin{cases} U_B^1 = v_0 + \tilde{\lambda} n_S^1 - p_B^1 - tx \\ U_B^2 = v_0 + \tilde{\lambda} n_S^2 - p_B^2 - t(1-x) \end{cases} \tag{8-1}$$

8.2.2 模型求解

1. 求理论解

在 x 点，B 边的消费者到两平台购买产品获得的消费者效用相等，由 $U_B^1=U_B^2$，得到：

$$x = \frac{1}{2} + \frac{\tilde{\lambda}(n_S^1 - n_S^2) + (p_B^2 - p_B^1)}{2t}$$

n_B^1、n_B^2 分别为消费者在平台上单归属的数量，令 $n_B^1=x$，$n_B^2=1-x$，即

$$\begin{cases} n_B^1 = x = \dfrac{1}{2} + \dfrac{\tilde{\lambda}(n_S^1 - n_S^2) + (p_B^2 - p_B^1)}{2t} \\ n_B^2 = 1 - x = \dfrac{1}{2} - \dfrac{\tilde{\lambda}(n_S^1 - n_S^2) + (p_B^2 - p_B^1)}{2t} \end{cases} \tag{8-2}$$

同理，令 S 边的一个网络零售商距离平台的距离为 y，在 y 处

的网络零售商选择平台 i 的效用分别为：$U_s^1 = v_0 + \tilde{\lambda} n_B^1 - p_S^1 - ty$，$U_s^2 = v_0 + \tilde{\lambda} n_B^2 - p_S^2 - t(1-y)$

假设，存在 y 点，在 S 边的网络零售商到平台1和平台2的效用相等，即 $U_S^1 = U_S^2$ 时，得到：

$$y = \frac{1}{2} + \frac{\tilde{\lambda}(n_B^1 - n_B^2) + (p_S^2 - p_S^1)}{2t}$$

n_S^1、n_S^2 分别为网络零售商在平台1和平台2上单归属数量，$n_S^1 = y$，$n_S^2 = 1 - y$，即

$$\begin{cases} n_S^1 = y = \dfrac{1}{2} + \dfrac{\tilde{\lambda}(n_B^1 - n_B^2) + (p_S^2 - p_S^1)}{2t} \\ n_S^2 = 1 - y = \dfrac{1}{2} - \dfrac{\tilde{\lambda}(n_B^1 - n_B^2) + (p_S^2 - p_S^1)}{2t} \end{cases} \tag{8-3}$$

由式（8-2）、式（8-3），当 $\tilde{\lambda} \neq t$ 时，得到：

$$\begin{cases} n_B^1 = \dfrac{\tilde{\lambda}(p_S^1 - p_S^2) + t(p_B^1 - p_B^2) + \tilde{\lambda}^2 - t^2}{2(\tilde{\lambda}^2 - t^2)} \\ n_B^2 = \dfrac{\tilde{\lambda}(p_S^2 - p_S^1) - t(p_B^1 - p_B^2) + \tilde{\lambda}^2 - t^2}{2(\tilde{\lambda}^2 - t^2)} \\ n_S^1 = \dfrac{\tilde{\lambda}(p_B^1 - p_B^2) + t(p_S^1 - p_S^2) + \tilde{\lambda}^2 - t^2}{2(\tilde{\lambda}^2 - t^2)} \\ n_S^2 = \dfrac{\tilde{\lambda}(p_B^2 - p_B^1) - t(p_S^1 - p_S^2) + \tilde{\lambda}^2 - t^2}{2(\tilde{\lambda}^2 - t^2)} \end{cases}$$

平台提供商通过向两边用户提供服务，仅收取交易费（不收注册费）来获得收益，假设两平台对网购消费者和网络零售商提供单位服务付出的成本分别为 c_B、c_S，将 n_B^i，n_s^i 代入，得到两平台利润函数 π_i：

$$\pi_1 = (p_B^1 - c_B) n_B^1 + (p_S^1 - c_S) n_s^1 = (p_B^1 - c_B) \left[\frac{\tilde{\lambda}(p_S^1 - p_S^2) + t(p_B^1 - p_B^2) + \tilde{\lambda}^2 - t^2}{2(\tilde{\lambda}^2 - t^2)}\right] + (p_S^1 - c_S)\left[\frac{\tilde{\lambda}(p_B^1 - p_B^2) + t(p_S^1 - p_S^2) + \tilde{\lambda}^2 - t^2}{2(\tilde{\lambda}^2 - t^2)}\right]$$

$$\pi_2=(p_B^2-c_B)n_B^2+(p_S^2-c_S)n_s^2=(p_B^2-c_B)\left[\frac{\tilde{\lambda}(p_S^2-p_S^1)-t(p_B^1-p_B^2)+\tilde{\lambda}^2-t^2}{2(\tilde{\lambda}^2-t^2)}\right]+(p_S^2-c_S)\left[\frac{\tilde{\lambda}(p_B^2-p_B^1)-t(p_S^1-p_S^2)+\tilde{\lambda}^2-t^2}{2(\tilde{\lambda}^2-t^2)}\right]$$

（1）对 π_1 的利润最大化问题求解，设 $p_{01}(x_{01},y_{01})$ 为驻点，在 $p_{01}(x_{01},y_{01})$ 的某个领域内，π_1 有连续偏导数，令 $A=f_{xx}$，$B=f_{xy}$，$C=f_{yy}$，则海瑟矩阵

$$H=\begin{vmatrix}\frac{t}{\tilde{\lambda}^2-t^2} & \frac{a}{\tilde{\lambda}^2-t^2}\\ \frac{\tilde{\lambda}}{\tilde{\lambda}^2-t^2} & \frac{t}{\tilde{\lambda}^2-t^2}\end{vmatrix}=\frac{t^2-\tilde{\lambda}^2}{(\tilde{\lambda}^2-t^2)^2}$$

当 $t>\tilde{\lambda}$ 时，$H>0$，$A<0$，π_1 在 $p_{01}(x_{01},y_{01})$ 处存在极大值。

（2）同理，对 π_2 的利润最大化问题求解，则海瑟矩阵

$$H=\begin{vmatrix}\frac{t}{-t^2+\tilde{\lambda}^2} & \frac{\lambda}{-t^2+\tilde{\lambda}^2}\\ \frac{\lambda}{-t^2+\tilde{\lambda}^2} & \frac{t}{-t^2+\tilde{\lambda}^2}\end{vmatrix}=\frac{1}{t^2-\tilde{\lambda}^2}$$

当 $t>\tilde{\lambda}$ 时，$H>0$，$A<0$，π_2 在 $p_{02}(x_{02},y_{02})$ 处存在极大值。

π_i 分别对 p_B^i、p_S^i 求一阶偏导数等于 0，求解联立方程组，得到两平台的最优定价，即交易价格：

$$\begin{cases}p_B^1=p_B^2=c_B+t-\tilde{\lambda}\\ p_S^1=p_S^2=c_S+t-\tilde{\lambda}\end{cases}\tag{8-4}$$

在双边市场条件下，平台定价除了与平台提供商向双边用户付出的成本 c_B、c_S 相关外，还与平台可控参数 t、网络外部性参数 $\tilde{\lambda}$ 相关。

网购消费者和网络零售商最优数量为：$n_B^1=n_B^2=n_S^1=n_S^2=1/2$

两平台利润的极大值为：

$$\max\pi_1=\max\pi_2=t-\tilde{\lambda}\tag{8-5}$$

显然，平台提供商在网购消费者和网络零售商数量分别为 1/2 时，即两平台各拥有市场总消费者人数的半数和网络零售商的半数时，两平台达到竞争均衡，两平台各自获得的利润最多。此时，平台提供商的利润不仅与可控参数 t 相关，而且与网络外部性参数 $\tilde{\lambda}$ 相关。对于竞争性平台，平台可控参数是其参与市场竞争并实现盈利的关键因素。

2. 求实际解

以往有关平台提供商营利性分析往往都是基于对网购消费者收费进行分析，而现实网络市场情况是平台提供商只向网络零售商收取费用，而不向网购消费者收取任何费用，故，令 $p_B^1 = p_B^2 = 0$，$p_S^1 = p_S^2 \neq 0$ 是符合现实网络市场特点的。

此时，网购消费者和网络零售商最优数量分别为：$n_B^1 = n_B^2 = n_S^1 = n_S^2 = 1/2$

将 $p_B^1 = p_B^2 = 0$，$p_S^1 = p_S^2 = c_S + t - \tilde{\lambda}$，$n_B^1 = n_B^2 = n_S^1 = n_S^2 = 1/2$，代入平台利润函数，计算得到网络平台提供商利润的极大值：

$$\max\pi_1' = \max\pi_2' = (t - \tilde{\lambda} - c_B)/2 \tag{8-6}$$

显然，在平台提供商不向网购消费者收取任何费用，而只向网络零售商收取交易费的情况下，在两平台的网购消费者和网络零售商数量分别为 1/2 时，两平台提供商获得的利润最大，此时平台提供商的利润不仅与平台给网购消费者提供的成本相关，还与可控参数 t 和网络外部性参数 $\tilde{\lambda}$ 相关。

一般来说，在平台建设初期，平台提供商为了吸引更多的网络零售商和消费者，可能不向双方收取任何费用以便打开局面，即平台“烧钱”期，此时平台利润可能非正，则有：

$\pi_1' = \pi_2' = (t - \tilde{\lambda} - c_B)/2 \leqslant 0$，平台不盈利，甚至亏损。

但随着时间的推移，平台规模不断扩大，人气不断提升，平台将进入营利期，此时有：

$$\pi_1' = \pi_2' = (t - \tilde{\lambda} - c_B)/2 > 0$$

将 $p_B^1 = p_B^2 = 0$ 和 $p_B^1 = p_B^2 \neq 0$ 的平台提供商的利润进行比较，得到：

$$\Delta\pi = \pi_1 - \pi_1' = \pi_2 - \pi_2' = (t - \tilde{\lambda} + c_B)/2$$

假设平台规模不变：

当 $(t - \tilde{\lambda} + c_B)/2 > 0$ 时，$\Delta\pi > 0$

当 $(t - \tilde{\lambda} + c_B)/2 \leqslant 0$ 时，$\Delta\pi \leqslant 0$

当平台处于营利期时，则必有 $\pi_1' > 0$，$\pi_2' > 0$，因为，平台作为企业是以营利为目的的，它不可能一直烧钱（亏损）而不营利，这不符合资本的逐利性本质，因此，当平台通过“烧钱”打开局面之后，就会开始实现营利。

正常情况下，当平台提供商仅向网络零售商收取交易费，而不向网购消费者收取费用时，其利润比收取费用时减小了，减小值为 $(t - \tilde{\lambda} + c_B)/2$。

比如，阿里巴巴的淘宝店和天猫店，都不向网购消费者收费，只向网络零售商收费。网络零售商在淘宝开店保证金 1000 元，不开店时退回，店铺费、店铺装修费（如果需要）、营销工具使用费、淘宝直通车费用等。网络零售商在天猫店开店保证金 10 万元（持有注册商标的店铺保证金 5 万元），不开店时退回，天猫平均扣点 4%，还有税收（天猫店对应企业银行账户，需要交税）、广告费、人工成本等。[①] 京东开店主要有平台使用费、保证金等，类目不同。[②]

在实际网络市场中，平台提供商为了吸引更多的网购消费者到平台消费，以提高其市场认可度和竞争力，确实不向网购消费者收取任何费用，而只向网络零售商收取费用。两平台博弈的结果是，各自获得半数的网购消费者和网络零售商，市场达到均衡，其市场利润比向网购消费者收费时有所减少，平台这样做的目的是迎合消

---

① www. taobao. com.

② www. jd. com.

费者喜好免费的心理，以吸引网购消费者更多地从平台购物，以提高平台的市场人气。

8.2.3　数值模拟与分析

当 $p_B^1 = p_B^2 = 0$，$c_B = 0.2$ 时，运用数值模拟平台可控参数 t，组间网络外部性参数 $\tilde{\lambda}$ 的变化与两平台提供商利润 π_1'、π_2'的关系见图 8 -2。

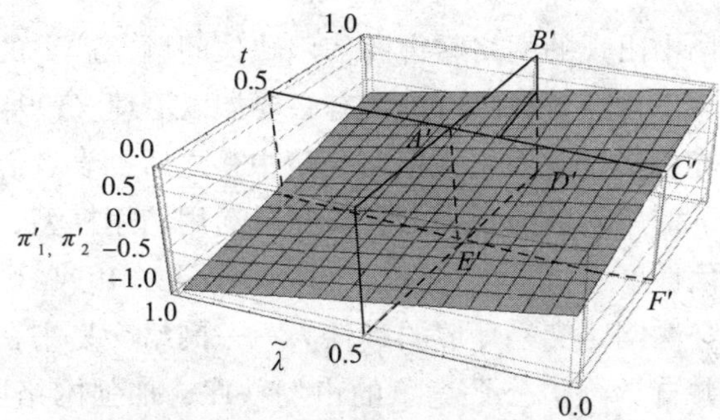

图 8 -2　t、$\tilde{\lambda}$ 的变化与 π_1'、π_2'的关系

资料来源：作者自绘。

图 8 -2 中，符合条件的 π_1'、π_2'取值区域是在两平面相交的右上方 $D'B'A'E'F'C'$ 围成的区域，且与平面 π_1'、π_2'相交的右上方，但不包括交线的平面区域。在该平面区域上，任何一点都是满足 $t > \tilde{\lambda}$ 条件的利润 π_1'、π_2'取得极大值的区域。

平台提供商的利润与平台可控参数 t、组间网络外部性参数 $\tilde{\lambda}$ 相关。平台可控值增大可以增加平台利润，而双边用户网络外部性的增大，会在一定程度上削弱平台提供商的营利能力。

总之，本部分对平台提供商市场营利能力进行了分析，通过建立基于双边市场理论、考虑网络外部性和平台可控参数的平台竞争模型，创新性地将模型放入实际市场环境中，与理论模型进行对比分析，对问题进行重新认识。研究表明：平台可控参数与平台营利能力正相关，而双边用户网络外部性参数与平台营利能力负相关。对于竞争性平台来说，它更愿意通过提高可控参数值来提高自己的竞争力，以获得更多利润。只不过，网络外部性的存在在一定程度上削弱了平台的竞争优势。

8.3 网商失信的平台治理策略研究

网络市场中出现的网络零售商信用缺失问题，严重的扰乱了网络平台市场的正常经营秩序，确实有必要加以治理。1994 年，马什（Marsh）首先将信任关系引入网络环境中，之后，学者们纷纷开展对网络环境下信用问题的研究，有研究者运用信用模型，对网络环境中实体间信任度进行了量化分析（Beth et al.，1994）。显然，作为构建诚信守法网络交易环境的责任人——网络交易平台，应强化主体责任，并自觉维护公平竞争的市场秩序，加强网络服务意识，提高网络平台的监督和管理职能，以引导经营者自觉规范经营行为，促进网络平台产业健康发展（光彩，2016）。巩永华等（2019）通过构建博弈模型对电商平台中网络零售商的失信问题进行了研究。有学者运用博弈论分析了电商市场产生不诚信问题的原因以及应对策略（尹爱春，2016），认为应由政府介入进行电子商务信用的监督与管理。但现实中，由于种种原因，政府相关部门介入惩处网商不诚信的案例甚少。这是因为，网络市场交易中，每笔交易的金额一般较小，消费者在被欺骗之后往往选择不报案，因为报案麻烦，维权成本高（误工费、交通费等），且金额不足 2000 元，不构成诈骗罪，公安机关不作为刑事案件立案，仅是违反治安管理处罚法，处罚力度较小。这使得一些违法者逃脱法律的制裁，这样更加助长了不法者的气焰。

纵观国内外学者对该问题的研究，更多的理论注重诚信制度在电子商务环境下的变革问题研究，网络市场的特点决定了对诚信问题的研究必然放在网络零售商方面。以往研究多从法律层面进行理论探讨，也有部分学者采用博弈论等方法对该问题进行研究，但在复杂的网络市场中，人的有限理性的局限性决定了以一次博弈的结果作为最后的策略是不理想的。因此，为了突破上述方法的局限性，本部分通过引入演化博弈模型，研究网络零售商之间、网络零售商与平台提供商之间的动态博弈过程，并运用数值模拟分析，以寻求解决网商信用缺失的平台治理策略问题。

8.3.1　模型建立

从平台提供商视角，探索如何治理、规范网络市场经营秩序问题，具有一定的实际可操作性，网络零售商信用缺失的平台治理的模型见图 8－3。

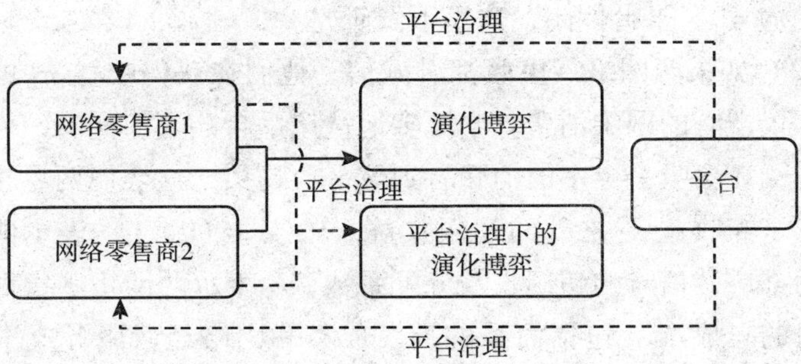

图 8－3　网络零售商信用缺失的平台治理模型

资料来源：作者自绘。

假设在网络市场中仅有两家网络零售商，网络零售商 1 和网络零售商 2，不失一般性，假设网络零售商 1 代表讲诚信的网络零售商，网络零售商 2 代表不讲诚信的网络零售商。在网络零售市场中存在三种情况（见表 8－1）。

表 8－1 网络零售商博弈的得益矩阵

网络零售商1	网络零售商2	
	讲诚信	不讲诚信
讲诚信	$\pi_1+\dot{\alpha}\Delta\pi-\dot{\beta}C$	$\pi_1+\Delta\pi_1'-\dot{\beta}C$
	$\pi_2+(1-\dot{\alpha})\Delta\pi-(1-\dot{\beta})C$	π_2+I_2
不讲诚信	π_1+I_1	π_1
	$\pi_2+\Delta\pi_2'-(1-\tilde{\beta})C$	π_2

资料来源：作者自制。

（1）如果两网络零售商都不讲诚信，市场中总有一小部分网购消费者由于某种原因（如不知道网络零售商不讲诚信，贪图网络购物的便利性等），短期内还会网购，这时，两网络零售商仍然会有一定的基本收益，即 $\pi_i>0(i=1, 2)$。如果所有网购消费者都逃逸平台，$\pi_i=0$，平台倒闭，这里不做研究。

（2）如果两网络零售商都讲诚信，他们在获得收益 π_i 的前提下，不仅现有的网购消费者会更多地从该平台购买，同时，由于口碑效应，还会吸引更多的消费者到该平台购买，这会使两零售商获得除了基本收益 π_i 之外的超额收益 $\Delta\pi$，$\dot{\alpha}\in(0, 1)$ 表示两网络零售商都讲诚信时的超额收益分配系数，C 表示两网络零售商都讲诚信时的总成本（包括商品的批发成本和网络经营服务成本等），$\dot{\beta}\in(0, 1)$ 表示两网络零售商的成本分担系数。

（3）如果两网络零售商一方讲诚信而另一方不讲诚信，此时，网络诚信经营环境被破坏，会出现这样的局面，讲诚信的网络零售商虽然仍然可以获得由于讲诚信带来的额外收益，但这部分收益由于受到不诚信网络零售商造成的恶劣购物环境的影响而减少，而不讲诚信网络零售商由于偷奸耍滑，短期内可以获得不正当收益。其中，$\Delta\pi_i'$分别表示只有一个网络零售商讲诚信条件下，讲诚信的网络零售商多获得的收益，I_i 代表不讲诚信网络零售商利用“刷单”、虚假好评、利用网购消费者从众心理等，短期内获得的不正当收益，也可以认为是网络零售商的背叛收益。

8.3.2　网商失信的平台治理策略

1. 平台系统演化策略

通过对网络零售商博弈的得益矩阵分析，不妨假设网络零售商1讲诚信策略的概率为 $\bar{x}$，不讲诚信策略的概率为（$1-\bar{x}$），网络零售商2讲诚信策略的概率为 $\bar{y}$，不讲诚信策略的概率为（$1-\bar{y}$），则有：

（1）网络零售商1讲诚信的期望收益为：

$$U_{11}=\bar{y}(\pi_1+\dot{\alpha}\Delta\pi-\dot{\beta}C)+(1-\bar{y})(\pi_1+\Delta\pi_1'-\dot{\beta}C)$$

不讲诚信的期望收益为：

$$U_{22}=\bar{y}[\pi_1+I_1]+(1-y)\pi_1$$

平均期望收益为：

$$\overline{U}_1=\bar{x}U_{11}+(1-\bar{x})U_{12}$$

网络零售商1执行策略的复制动态方程为：

$$F(x)=\frac{d\bar{x}}{dt}=\bar{x}(1-\bar{x})[\bar{y}(\dot{\alpha}\Delta\pi-\Delta\pi_1'-I_1)+\Delta\pi_1'-\dot{\beta}C)] \tag{8-7}$$

（2）网络零售商2讲诚信的期望收益为：

$$U_{21}=\bar{x}[\pi_2+(1-\dot{\alpha})\Delta\pi-(1-\dot{\beta})C]+(1-\bar{x})[\pi_2+\Delta\pi_2'-(1-\dot{\beta})C]$$

不讲诚信的期望收益为：

$$U_{22}=\bar{x}[\pi_2+I_2]+(1-\bar{x})\pi_2$$

平均期望收益为：

$$\overline{U}_2=\bar{y}U_{21}+(1-\bar{y})U_{22}$$

网络零售商 2 执行策略的复制动态方程为：

$$F(y)=\frac{d\bar{y}}{dt}=\bar{y}(1-\bar{y})\{\bar{x}[(1-\dot{\alpha})\Delta\pi-\Delta\pi_2'-I_2]+\Delta\pi_2'-(1-\dot{\beta})C\} \tag{8-8}$$

（3）复制动态博弈稳定状态是采用各自策略的博弈方比例保持不变的状态，由稳定性定理可知网络零售商的全部稳态，此时的最优策略即为系统的演化稳定策略（evolutionary stability strategy，ESS），即系统大部分成员采取的策略，该策略是各方获益最大的策略。

网络零售商 1 的全部稳态：

当 $\dot{\alpha}\Delta\pi-\Delta\pi_1'-I_1>0$ 时，

若 $y=(\dot{\beta}C-\Delta\pi_1')/(\dot{\alpha}\Delta\pi-\Delta\pi_1'-I_1)$，则 $F'(x)=0$，所有 $\bar{x}$ 水平都是演化稳定策略；

若 $\bar{y}>(\dot{\beta}C-\Delta\pi_1')/(\dot{\alpha}\Delta\pi-\Delta\pi_1'-I_1)$，则 $F'(0)>0$，$F'(1)<0$，只有 $\bar{x}^*=1$ 是演化稳定策略；

若 $\bar{y}<(\dot{\beta}C-\Delta\pi_1')/(\dot{\alpha}\Delta\pi-\Delta\pi_1'-I_1)$，则 $F'(0)<0$，$F'(1)>0$，只有 $\bar{x}^*=0$ 是演化稳定策略。

网络零售商 2 的全部稳态：

当 $(1-\dot{\alpha})\Delta\pi-\Delta\pi_2'-I_2>0$ 时，

若 $x=[(1-\dot{\beta})C-\Delta\pi_2']/[(1-\dot{\alpha})\Delta\pi-\Delta\pi_2'-I_2]$，则 $F(y)=0$，所有 $\bar{y}$ 水平都是演化稳定策略；

若 $\bar{x}>[(1-\dot{\beta})C-\Delta\pi_2']/[(1-\dot{\alpha})\Delta\pi-\Delta\pi_2'-I_2]$，则 $F'(0)>0$，$F'(1)<0$，只有 $\bar{y}^*=1$ 是演化稳定策略；

若 $\bar{x}<[(1-\dot{\beta})C-\Delta\pi_2']/[(1-\dot{\alpha})\Delta\pi-\Delta\pi_2'-I_2]$，则 $F'(0)<0$，$F'(1)>0$，只有 $\bar{y}^*=0$ 是演化稳定策略。

两网络零售商演化博弈的相图见图 8-4。

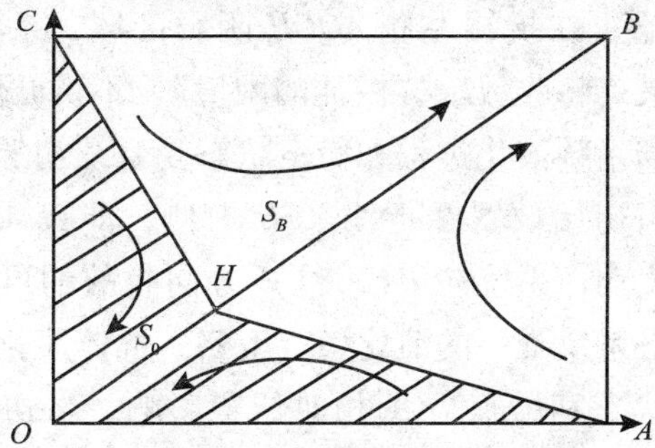

图 8-4 网络零售商演化博弈相图

资料来源：本图参照相关论文绘制，参见 Friedman D. Evolutionary game in economics. Economy Erica，1999，59（3）：637-666.

图 8-4 中网络零售商 1 和网络零售商 2 演化博弈策略的 5 个均衡点分别为：$A(1,\ 0)$、$B(1,\ 1)$、$C(0,\ 1)$、$O(0,\ 0)$ 和鞍点 $H(x_H,\ y_H)$，其中，$H\left(\dfrac{(1-\dot{\beta})C-\Delta\pi_2'}{(1-\dot{\alpha})\Delta\pi-\Delta\pi_2'-I_2},\ \dfrac{\dot{\beta}C-\Delta\pi_1'}{\dot{\alpha}\Delta\pi-\Delta\pi_1'-I_1}\right)$。

2. 参数变化对网络零售商策略的影响

费德曼（Friedman，1991）认为，图 8-4 中存在的 5 个均衡点 $A(1,\ 0)$、$B(1,\ 1)$，$C(0,\ 1)$，$O(0,\ 0)$ 和 $H\left(\dfrac{(1-\dot{\beta})C-\Delta\pi_2'}{(1-\dot{\alpha})\Delta\pi-\Delta\pi_2'-I_2},\ \dfrac{\dot{\beta}C-\Delta\pi_1'}{\dot{\alpha}\Delta\pi-\Delta\pi_1'-I_1}\right)$ 中，只有 $B(1,\ 1)$ 和 $O(0,\ 0)$ 是演化博弈的稳定策略，分别对应的策略集为：{讲诚信，讲诚信} 和 {不讲诚信，不讲诚信}。

图 8-4 中描述了两网络零售商博弈的动态演化过程，当两网商都讲诚信的超额收益大于一方不讲诚信获得的收益与背叛收益之和时，双方长期博弈演化的结果是要么都不讲诚信，要么都讲诚信。

图 8-4 中折线 *AHC* 是系统收敛于不同状态的临界线，在折线右侧 *ABCH* 部分，系统将向 $B(1,\ 1)$ 的帕勒托最优方向演化，讲

诚信为最优策略；在折线左侧 $AOCH$ 阴影区域，系统向 $O(0, 0)$ 演化，系统将最终将收敛于“囚徒的困境”，不讲诚信为最优策略。

而平台市场系统演化过程和稳定状态受系统初始状态和鞍点 H 位置的影响。当初始位置在折线 ACH 右侧，即在 $ABCH$ 白色区域时，如有外力扰动，系统向 $B(1, 1)$ 方向收敛的可能性较大，最终，讲诚信将是系统唯一的演化稳定策略。群体演化过程和稳定状态受系统初始状态和鞍点 H 的相对位置影响。当初始位置在折线 AHC 左侧阴影区域时，系统向 $O(0, 0)$ 收敛的可能性较大，最终不讲诚信策略将成为唯一的演化稳定策略；当初始状态落在 $ABCH$ 区域时，系统向 $B(1, 1)$ 收敛的可能性较大，最终讲诚信策略将是唯一的演化稳定策略。可见，网络零售商的长期博弈均衡策略可能是不讲诚信，也可能是讲诚信，其具体演化路径和稳定状态取决于区域 $ABCH$ 的面积（用 S_B 代替）和区域 $AOCH$ 的面积（用 S_O 代替）的大小。

若 $S_B < S_O$，系统将以更大的概率沿 HO 路径向不讲诚信的方向演化；

若 $S_B > S_O$，系统将以更大的概率沿着 HB 路径向讲诚信的方向演化；

若 $S_B = S_O$，讲诚信的概率等于不讲诚信的概率，系统的演化方向不明确，此时，如果系统受到外界的扰动，打破这种平衡，系统会按照上述方式进行演化。

通过分析可知，影响阴影区域 S_O 面积的因素可以转化为分析网络零售商博弈的影响参数，阴影区域 S_O 面积可以表示为：

$$S_O = \frac{1}{2}\left[\frac{\dot{\beta} C - \Delta\pi_1'}{\dot{\alpha}\Delta\pi - \Delta\pi_1' - I_1} + \frac{(1-\dot{\beta})C - \Delta\pi_2'}{(1-\dot{\alpha})\Delta\pi - \Delta\pi_2' - I_2}\right] \quad (8-9)$$

显然，分析影响 S_O 面积的变化情况，可以转化为分析各个参数的变化对 S_O 的影响情况，而 S_O 面积的变化方向与系统收敛方向正好相反。

由 S_O 的表达式可知，影响 S_O 的参数包括：C、$\Delta\pi$、$\Delta\pi_1'$、

$\Delta\pi_2'$、$\dot{\alpha}$、$\dot{\beta}$、I_1 和 I_2，各参数的变化对 S_O 的影响分析如下。

（1）C 的变化对 S_O 的影响。S_O 对 C 求一阶偏导数，得到：

$$\partial s_0/\partial C=\frac{1}{2}\left[\frac{\dot{\beta}}{\dot{\alpha}\Delta\pi-\Delta\pi_1'-I_1}+\frac{(1-\dot{\beta})}{(1-\dot{\alpha})\Delta\pi-\Delta\pi_2'-I_2}\right]>0$$

故，S_O 是 C 的增函数，即随着投入的成本增加，S_O 面积增大，由以上分析可知，此时，系统向 $O(0,\ 0)$ 方向演化的概率增大，网络零售商的最优策略为不讲诚信。

（2）$\dot{\alpha}$ 的变化对 S_O 的影响。S_O 对 $\dot{\alpha}$ 求偏导数，得到：

$$\partial s_0/\partial\dot{\alpha}=\frac{1}{2}\left\{\frac{\Delta\pi(\Delta\pi_1'-\dot{\beta}C)}{(\dot{\alpha}\Delta\pi-\Delta\pi_1'-I_1)^2}+\frac{\Delta\pi[(1-\dot{\beta})C-\Delta\pi_2']}{[(1-\dot{\alpha})\Delta\pi-\Delta\pi_2'-I_2]^2}\right\}$$

由上式可知，$\dot{\alpha}$ 对 S_O 的影响非单调，对 S_O 求 $\dot{\alpha}$ 的二阶偏导数，得到：

$$\partial^2 s_0/\partial\dot{\alpha}^2=\frac{1}{2}\left\{\frac{\Delta\pi^2(\Delta\pi_1'-\dot{\beta}C)}{(\dot{\alpha}\Delta\pi-\Delta\pi_1'-I_1)^2}+\frac{\Delta\pi^2[(1-\dot{\beta})C-\Delta\pi_2']}{[(1-\dot{\alpha})\Delta\pi-\Delta\pi_2'-I_2]^2}\right\}>0$$

说明 S_O 是关于 $\dot{\alpha}$ 的凹函数。令 $\partial s_0/\partial\dot{\alpha}=0$，即：

$\dfrac{\Delta\pi(\Delta\pi_1'-\beta C)}{(\alpha\Delta\pi-\Delta\pi_1'-I_1)^2}-\dfrac{\Delta\pi[(1-\beta)C-\Delta\pi_2']}{[(1-\alpha)\Delta\pi-\Delta\pi_2'-I_2]^2}=0$ 时，S_O 有极小值。

故在极小值左侧（$\partial s_0/\partial\dot{\alpha}<0$），系统向 $B(1,\ 1)$ 稳态方向演化的可能性较大，网络零售商的最优策略为讲诚信；在极小值右侧（$\partial s_0/\partial\dot{\alpha}>0$），系统向 $O(0,\ 0)$ 稳态方向演化的可能性较大，网络零售商的最优策略为不讲诚信。

分析其他各参数变化对 S_O 的影响，得到各参数变化对网络零售商演化稳定策略的影响（见表 8-2）。

表 8-2　各参数变化对网络零售商演化博弈策略的影响

参数	S_O 对参数求偏导数	系统演化方向	网络零售商策略选择
C	$\frac{1}{2}\left[\frac{\dot{\beta}}{\dot{\alpha}\Delta\pi-\Delta\pi_1'-I_1}+\frac{1-\dot{\beta}}{(1-\dot{\alpha})\Delta\pi-\Delta\pi_2'-I_2}\right]>0$	向 $O(0,\ 0)$ 方向演化	{不讲诚信，不讲诚信}

续表

参数	S_O 对参数求偏导数	系统演化方向	网络零售商策略选择
$\Delta\pi$	$-\frac{1}{2}\left\{\frac{\dot{\alpha}(\dot{\beta}C-\Delta\pi_1')}{(\dot{\alpha}\Delta\pi-\Delta\pi_1'-I_1)^2}+\frac{(1-\dot{\alpha})[(1-\dot{\beta})C-\Delta\pi_2']}{[(1-\dot{\alpha})\Delta\pi-\Delta\pi_2'-I_2]^2}\right\}<0$	向 $B(1, 1)$ 方向演化	{讲诚信，讲诚信}
$\Delta\pi_1'$	$\frac{1}{2}\times\frac{\dot{\beta}C-\dot{\alpha}\Delta\pi+I_1}{(\dot{\alpha}\Delta\pi-\Delta\pi_1'-I_1)^2}<0$ （都讲诚信的超额收益大于分担的成本和背叛收益之和）	向 $B(1, 1)$ 方向演化	{讲诚信，讲诚信}
$\Delta\pi_2'$	$\frac{1}{2}\left\{\frac{(1-\dot{\beta})C-(1-\dot{\alpha})\Delta\pi+I_2}{[(1-\dot{\alpha})\Delta\pi-\Delta\pi_1'-I_1]^2}\right\}<0$ （都讲诚信的超额收益大于分担的成本和背叛收益之和）	向 $B(1, 1)$ 方向演化	{讲诚信，讲诚信}
I_1	$\frac{1}{2}\times\frac{\dot{\beta}C-\Delta\pi_1'}{(\dot{\alpha}\Delta\pi-\Delta\pi_1'-I_1)^2}>0$	向 $O(0, 0)$ 方向演化	{不讲诚信，不讲诚信}
I_2	$\frac{1}{2}\times\frac{(1-\dot{\beta})C-\Delta\pi_2'}{[(1-\dot{\alpha})\Delta\pi-\Delta\pi_2'-I_2]^2}>0$	向 $O(0, 0)$ 方向演化	{不讲诚信，不讲诚信}
$\tilde{\alpha}$	$\frac{\dot{\beta}C-\Delta\pi_1'}{(\dot{\alpha}\Delta\pi-\Delta\pi_1'-I_1)^2}=\frac{(1-\dot{\beta})C-\Delta\pi_2'}{(\dot{\alpha}\Delta\pi-\Delta\pi_2'-I_2)^2}$有极小值 在极小值左侧 在极小值右侧	向 $B(1, 1)$ 方向演化 向 $O(0, 0)$ 方向演化	{讲诚信，讲诚信} {不讲诚信，不讲诚信}
$\tilde{\beta}$	$\frac{1}{2}\left[\frac{C}{\dot{\alpha}\Delta\pi-\Delta\pi_1'-I_1}+\frac{-C}{(1-\dot{\alpha})\Delta\pi-\Delta\pi_2'-I_2}\right]$ $\dot{\alpha}\Delta\pi-\Delta\pi_1'-I_1>(1-\dot{\alpha})\Delta\pi-\Delta\pi_2'-I_2$ $\dot{\alpha}\Delta\pi-\Delta\pi_1'-I_1<(1-\dot{\alpha})\Delta\pi-\Delta\pi_2'-I_2$	向 $B(1, 1)$ 方向演化 向 $O(0, 0)$ 方向演化	{讲诚信，讲诚信} {不讲诚信，不讲诚信}

资料来源：作者自制。

3. 平台治理下的博弈分析

为维护网络经营环境，有必要引入约束机制，一方面，依法加大对不法网络零售商的打击力度，另一方面，提高平台提供商对网络市场的监管力度。这里从平台提供商角度探讨如何约束网络零售商的不法行为，维护网络市场的诚信环境。这可以通过平台提供商与网络零售商签订守法经营合同等方式对不法网络零售商进行惩罚，以加强对网络零售商的监督和管理。

网络市场中，假如在网络零售商 2 讲诚信的条件下，网络零售商 1 选择不讲诚信，此时，由于受合同的制约，网络零售商 1 将会受到平台提供商的惩罚（治理），设治理参数为罚金 M，反之亦然。这里，处罚不是目的，根本目的是维护良好的网络购物环境。因此，平台提供商往往将罚金 M 通过一定的方式投入平台治理中，如加大对不诚信网络零售商治理的技术投入，增加人力对不法网络零售商的检查和监督等，以加大对不诚信网络零售商的打击力度，维护良好的网络购物环境，从而使守信网络零售商获益。

如果两网络零售商都不讲诚信，双方只能得到基本收益 π_i。之所以没有对两网络零售商都处罚，是因为，我们虽然讨论的是网络市场存在的两类网络零售商（讲诚信的网络零售商和不讲诚信的网络零售商），实际代表的是网络市场中所有网络零售商。若市场中所有网络零售商都不诚信，平台提供商都进行惩罚，那么，所有不法网络零售商因为力量强大，具有话语权，会选择代表和平台提供商谈判，甚至以集体退出平台相要挟，这会迫使平台提供商做出让步，即当不诚信行为具有一定的普遍性或群体性时，会出现法不责众的局面（这种局面一旦出现，平台可能会被淘汰退出市场）。

由以上分析可以得到博弈的得益矩阵，如表 8－3 所示。

表 8－3　　　　平台治理下的博弈得益矩阵

网络零售商 1	网络零售商 2	
	讲诚信	不讲诚信
讲诚信	$\pi_1 + \dot{\alpha}\Delta\pi - \dot{\beta}C$	$\pi_1 + \Delta\pi_1' - \tilde{\beta}C + M$
	$\pi_2 + (1 - \dot{\alpha})\Delta\pi - (1 - \dot{\beta})C$	$\pi_2 + I_2 - M$
不讲诚信	$\pi_1 + I_1 - M$	π_1
	$\pi_2 + \Delta\pi_2' - (1 - \dot{\beta})C + M$	π_2

资料来源：作者自制。

假设，两网络零售商讲诚信和不讲诚信策略的概率如前，则网络零售商 1 讲诚信策略的期望收益为：

$$U'_{11}=\bar{y}(\dot{\alpha}\Delta\pi-\Delta\pi'_1-M)+\pi_1+\Delta\pi'_1-\dot{\beta}C+M$$

不讲诚信策略的期望收益为：

$$U'_{12}=\bar{y}(I_1-M)+\pi_1$$

平均期望收益为：

$$\overline{U}_1=\bar{x}U'+(1-\bar{x})U'_{12}$$

网络零售商 1 执行策略的复制动态方程为：

$$F(x)=\frac{d\bar{x}}{dt}=\bar{x}(1-\bar{x})[\bar{y}(\dot{\alpha}\Delta\pi-\Delta\pi'_1-I_1)+(\Delta\pi'_1-\dot{\beta}C+M)] \tag{8-10}$$

网络零售商 2 选择讲诚信策略的期望收益为：

$$U'_{21}=\bar{x}[(1-\dot{\alpha})\Delta\pi-\Delta\pi'_2-M]+\pi_2+\Delta\pi'_2+(1-\dot{\beta})C+M$$

不讲诚信策略的期望收益为：

$$U'_{22}=\bar{x}(I_2-M)+\pi_2$$

平均期望收益为：

$$\overline{U}'_2=\bar{y}U'_{21}+(1-\bar{y})U'_{22}$$

网络零售商 2 执行策略的复制动态方程为：

$$F(y)=\frac{d\bar{y}}{dt}=\bar{y}(1-\bar{y})\{\bar{x}[(1-\dot{\alpha})\Delta\pi-\Delta\pi'_2-I_2]+\Delta\pi'_2-(1-\dot{\beta})C+M\} \tag{8-11}$$

8.3.3 算例分析

网络零售商不讲诚信导致的网络市场信用危机，加剧了消费者对网络市场的不信任，影响了该市场的健康稳定发展。各大网络平台提供商已经意识到问题的严重性，纷纷采取措施加大对网络平台经营环境的监督与治理。如淘宝重新启动商会、协会，重建商盟体系，希望卖家自治。为了实际反映各参数的变化对网商策略的影响，我们调查了目前最大电商平台阿里巴巴的淘宝和天猫、京东网络商务平台等对不诚信网商的处罚措施。淘宝和天猫，对不诚信网商的处罚包括商品降权、店铺降权、罚款和清理出平台等；京东对违规网商的处罚包括：限制发布商品、公示警告、罚款和清退出局等。

通过调查分析，网商成本等对网商诚信机制产生影响。这里我们以规模稍大、具有一定营利能力、对平台信誉影响较大的网商数据为基础，分析平台提供商治理下的网络零售商策略选择问题。

假设网络零售商总成本 $C \in [15, 40]$（单位：万元，包括上架费用、店铺模板、分析软件等），$\Delta\pi \in [50, 150]$（单位：万元），$\Delta\pi_1'$、$\Delta\pi_2' \in [0.5, 5]$（单位：万元），$I_1$、$I_2 \in [0.5, 5]$（单位：万元），$\dot{\alpha} \in [0.2, 0.8]$，$\dot{\beta} \in [0.2, 0.8]$。

在后续讨论中，当讨论某一参数变化时，其他参数分别取值：$C = 20$ 万元，$\Delta\pi = 70$ 万元，$\Delta\pi_1' = 4$ 万元，$\Delta\pi_2' = 3$ 万元，$I_1 = 2$ 万元，$I_2 = 1$ 万元，$\dot{\alpha} = 0.6$，$\dot{\beta} = 0.7$，因 $\Delta\pi_1$ 和 $\Delta\pi_2$ 不影响分析结果，不予考虑。

根据上述参数的取值，分析各参数变化对 S_O 的影响，以分析平台市场系统的演化方向和演化稳定策略。

1. $\Delta\pi$、C 对 S_O 的影响

其他条件不变时，两网络零售商都讲诚信获得的超额收益 $\Delta\pi$ 和成本 C 对 S_O 的影响见图 8-5 和图 8-6。

由图 8-5 和图 8-6 可知，随着 $\Delta\pi$ 增大，S_O 减小，系统向 $B(1, 1)$ 方向演化，网络零售商的演化稳定策略是讲诚信；相反，网络零售商的演化稳定策略是不讲诚信。随着 C 的增大，S_O 增大，系统向 $O(0, 0)$ 方向演化，网络零售商的演化稳定策略是不讲诚信；相反，网络零售商的演化稳定策略是讲诚信。

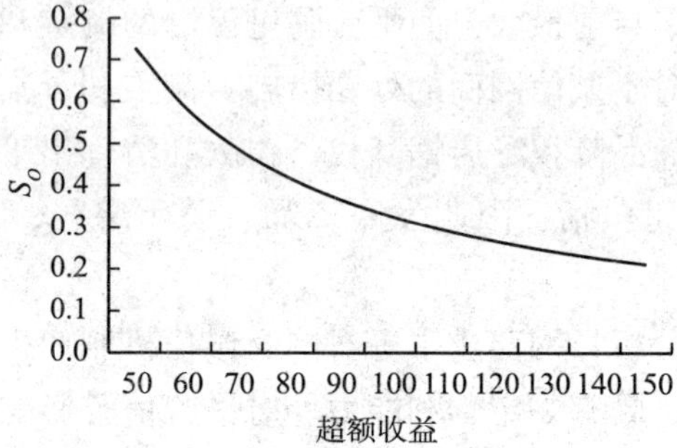

图 8-5 $\Delta\pi$ 与 S_O 的关系

资料来源：作者自绘。

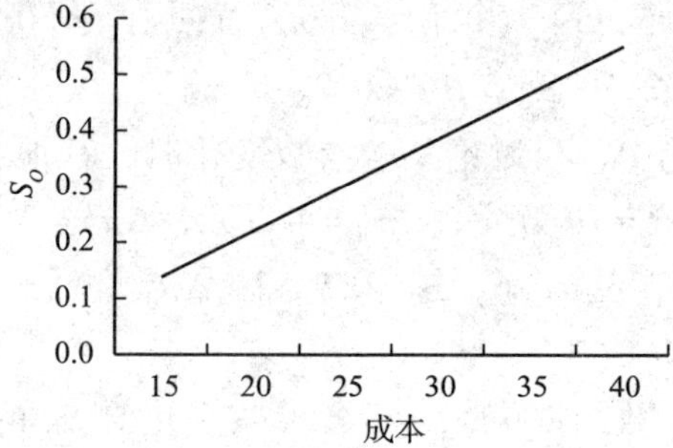

图 8-6 C 与 S_O 的关系

资料来源：作者自绘。

2. $\Delta\pi'_1$、$\Delta\pi'_2$、I_1、I_2 对 S_O 的影响

其他条件不变时，若一个网络零售商讲诚信，而另一个不讲诚信，讲诚信收益 $\Delta\pi'_1$、$\Delta\pi'_2$和背叛收益 I_1、I_2 对 S_O 的影响（见图 8-7 和图 8-8）。

由图 8-7 和图 8-8 可知，随着 $\Delta\pi'_1$、$\Delta\pi'_2$的增大，S_O 减小，系统向 $B(1, 1)$ 方向演化，网络零售商的演化稳定策略是讲诚信；相反，网络零售商的演化稳定策略是不讲诚信。随着背叛收益 I_1、I_2 的增大，S_O 增大，系统向 $O(0, 0)$ 方向演化，网络零售商的演化稳定策略是不讲诚信；相反，网络零售商的演化稳定策略是讲诚信。

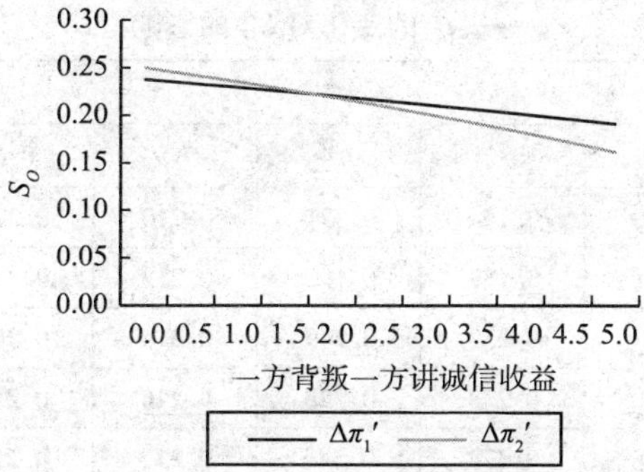

图8-7　$\Delta\pi_1'$、$\Delta\pi_2'$与S_O的关系

资料来源：作者自绘。

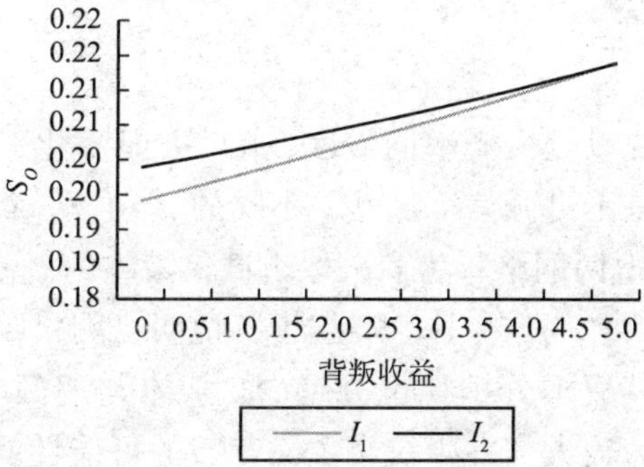

图8-8　I_1、I_2与S_O的关系

资料来源：作者自绘。

3. $\dot{\alpha}$和$\dot{\beta}$对S_O的影响

其他条件不变时，讨论$\dot{\alpha}$、$\dot{\beta}$的变化对S_O的影响。因$\dot{\alpha}$、$\dot{\beta}$共同对S_O产生作用，故将二者合在一起进行讨论（见表8-4）。

由表8-4数值变化可知，其他参数不变时，当$\dot{\beta}$一定时，$\dot{\alpha}$在区间［0.2，0.8］上变化时，随着$\dot{\alpha}$的增大，S_O先减小，达到极小值后又逐渐增大。在各个极小值的左侧，系统以较大概率向$B(1，1)$方向演化，网络零售商的演化稳定策略是讲诚信，在极小

表 8-4 $\dot{\alpha}$、$\dot{\beta}$ 的变化对 S_O 的影响

$\dot{\beta}$	$\dot{\alpha}$					
	0.2	0.3	0.4	0.5	0.6	0.7
0.2	0.160	**0.144**	0.171	0.210	0.271	0.382
0.3	0.231	**0.189**	0.190	0.212	0.257	0.347
0.4	0.337	0.233	**0.209**	0.214	0.243	0.311
0.5	0.442	0.278	0.228	**0.216**	0.229	0.276
0.6	0.548	0.322	0.248	0.219	**0.215**	0.240
0.7	0.654	0.367	0.267	0.221	0.201	**0.205**
0.8	0.760	0.411	0.286	0.223	0.188	**0.169**
0.2	0.160	**0.144**	0.171	0.210	0.271	0.382

资料来源：作者自制。

值的右侧，系统以较大概率向 $O(0, 0)$ 方向演化，网络零售商的演化稳定策略是不讲诚信。显然，不同的 $\dot{\beta}$ 值下，都存在一个最适宜的 $\dot{\alpha}$ 值，使得两网络零售商采取讲诚信策略的概率较大。

当 $\dot{\alpha}<0.5$ 时，$\dot{\beta}$ 越小，S_O 越小，说明当网络零售商超额收益分配得越少，其成本分担得也会越少，成本与超额收益分配适当，双方合作的动力较大，发生机会主义背叛的可能性就越小，讲诚信的概率就越大。

当 $\dot{\alpha}=0.5$ 时，$\dot{\beta}=0.5$ 时，$S_O=0.216$ 达到最大值，超额收益与成本分配适当，此时，两网络零售商都有合作的动机，讲诚信的概率较大。

当 $\dot{\alpha}>0.5$ 时，$\dot{\beta}$ 越大，S_O 越小，说明当网络零售商超额收益分配越多，成本分担的也越多，超额收益与成本分配适当，两网络零售商合作的动力越大，发生机会主义背叛的可能性越小，讲诚信的概率就越大，且 S_O 随着 $\dot{\alpha}$、$\dot{\beta}$ 的增大，先增大后减小。

4. M 对 S_O 的影响

平台提供商对不法网络零售商的治理参数用 M 表示，M 对 S_O

的影响见图8－9。

由式（8－10）、式（8－11）可知，当网络零售商不讲诚信时，则平台提供商对不法网络零售商进行惩处，治理参数 M 的阀值计算如下：

当 $M>\max\{\dot{\beta}C-\Delta\pi_1',\ (1-\dot{\beta})C-\Delta\pi_2'\}$ 时，根据稳态定理，系统向 $B(1,\ 1)$ 方向演化，讲诚信是网络零售商的演化稳定策略；

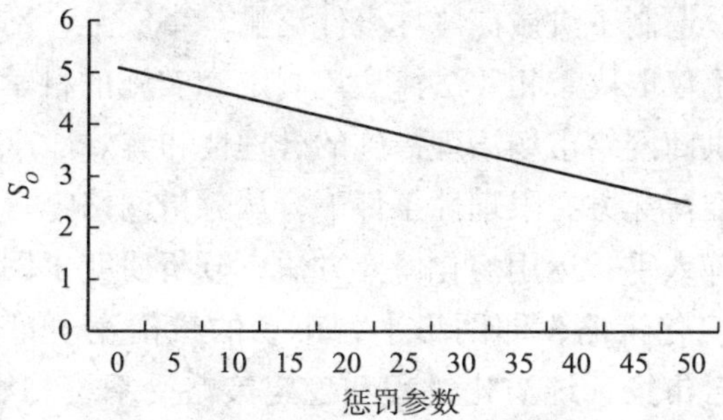

图8－9　M 与 S_O 的关系

资料来源：作者自绘。

当 $M<\max\{\dot{\beta}C-\Delta\pi_1',\ (1-\dot{\beta})C-\Delta\pi_2'\}$ 时，系统向 $O(0,\ 0)$ 方向演化，不讲诚信是网络零售商的演化稳定策略；

当 $M=\max\{\dot{\beta}C-\Delta\pi_1',\ (1-\dot{\beta})C-\Delta\pi_2'\}$ 时，得到系统演化的临界点即阀值。

实际中，平台提供商可以通过与网络零售商签订合同的方式，约定当网络零售商不讲诚信时加以处罚，如本部分数据计算的临界值，即治理参数的阀值 $M=40$（万元）。

因此，从平台自身利益考虑，平台提供商有必要采取惩罚措施，以促使网络零售商选择讲诚信策略而防止其发生机会主义背叛。实际中，平台提供商可以通过与网络零售商签订合同的方式，约定当网络零售商不讲诚信时处以高额罚金，如本部分计算的治理参数值为 $M>40$（万元），或将不讲诚信网络零售商清理出平台，提高不讲诚信网络零售商的违法成本。此时不讲诚信的网络零售商因机会主义背叛获得的收益不足以补偿罚金，即得不偿失，因而不得不选择讲诚信策略，这既是平台提供商的最优策略选择，也是平台提供商想要的结果。

由以上分析可知，仅靠网络零售商自治，而没有其他强制措施，机会主义往往会使网络零售商走向背叛，最终导致不讲诚信成为网络零售商选择的唯一策略。因此，必须对网络经营环境加强治理，才能有效遏制不讲诚信恶性事件泛滥。事实上，网络经营环境的治理效果不仅取决于相关法律法规制定和实施的科学性，而且取决于平台提供商网络市场治理措施的合理性和有效性。

本部分在博弈方有限理性条件下，从分析网络零售商是否讲诚信的得益矩阵入手，运用演化博弈方法，分析研究了网商信用缺失与否的系统演化策略，即网络平台市场的最优竞争策略。研究表明：网络平台市场系统演化过程和稳定策略受系统初始状态影响，不同初始状态决定了网络市场系统向不同方向演化。网络零售商的单独讲诚信收益、背叛收益、总成本等的变化对网络零售商策略会产生一定的影响，总成本分担系数和超额收益分配系数共同对网络零售商策略产生影响，且二者的共同作用对系统演化方向的影响较为复杂。平台提供商在网络环境治理中，应将治理参数值设置得足够大，对失信网络零售商具有一定的震慑作用。但并非治理参数值越大越好，治理参数值过大（即实际中，相当于入驻平台的成本过高），往往会造成大量网络零售商（可能是合法经营的网络零售商）离开平台。

基于以上研究结果，提出以下建议。

第一，从宏观层面来说，应通过立法和建立诚信机制，加强对网商失信的惩处，以达到对不法网商震慑的作用。

首先，不断完善相关法律法规建设是网络交易市场健康运行的有力保障。加快建立完善的网络市场法律法规体系，加大对网络欺诈行为的惩戒力度。同时，积极开展法制和诚信教育，不断提高公民法律素质，增强公民诚信意识，弘扬诚信经营的理念。1999年以来，我国虽然颁布了《电子签名法》《第三方支付管理办法》《网络商品交易及有关服务行为管理暂行办法》《非金融机构支付服务管理办法》等一系列法律法规，对规范网络市场起到了一定的积极作用。但是，法律法规还不够完善，不能够适应飞速发展的网络市场交易的新要求。因此，在充分借鉴西方发达国家网络市场立法经验的基础上，结合我国实际情况，加快立法步伐，建立一整套完善的法律法规来规范网络市场行为已刻不容缓。

其次，加强诚信机制和网络声誉评价体系建设，依法对网商经营活动进行监督和管理。尽快建立一套完善的诚信监管机制，对网络市场经营者实行实名制，严格审查网络经营申请者的身份和资信，未取得合法资格者一律不得进入网络市场开展经营活动。对有悖诚信的经营者加大打击力度，使有欺诈行为的经营者付出沉重代价，使之不敢冒失信的风险。建立以政府相关部门为主导，平台运营商、媒体和网络消费者等共同参与的网络声誉评价体系，加快推进网络诚信信息库和网络诚信监控平台的建设，对网商的欺诈行为记录在案，使网络消费者可以随时查询不诚信网商的信息。同时，由监控平台对网商不诚信行为进行披露，通过强大的舆论压力，来规范网络市场的经营行为。

第二，从微观层面来说，随着网络交易的飞速发展，网络市场良莠不齐、鱼龙混杂，相关法律法规与监管机制难以与之相适应，网络交易的种种特性决定了微观层面的监管往往比行政手段更为有效。因此，有必要发挥平台监管的积极作用，不断加强平台约束机制建设，加强平台运营商对网络市场的治理力度。一方面，帮助企业建立品牌等知识产权保护体系，提高诚信经营的网商公信力，营造网络征信购买和放心消费的市场环境。另一方面，对失信网商加以严惩，提高网商失信成本，可以促使网络系统向有利于讲诚信的“帕累托”稳态方向演进，从而达到改善网络生态环境、维护良好的经营秩序、繁荣网络市场的目的。

8.4 本章小结

本章对平台提供商的营利性和市场治理能力进行分析。在平台提供商营利能力分析中，建立平台竞争模型，创新性地将模型放入实际网络市场环境中，通过对比分析，对所研究问题重新认识，使研究结论更具有一般性。研究表明：平台可控参数值的提高确实能提升平台的营利能力，而双边用户网络外部性参数值的增大，会在一定程度上削弱平台提供商的营利能力，与之相比较，平台提供商更愿意通过提高平台可控参数值来提高平台的整体竞争水平和营利能力。

在网络零售商信用缺失的平台治理研究中，运用动态演化博弈方法对网络零售商失信下的平台治理问题进行研究，结果表明：仅靠网络零售商自治，机会主义往往会使网商走向背叛，使不讲诚信成为网商选择的唯一最优策略。网络系统的演化过程和稳定策略受系统初始状态影响，不同初始状态决定了网络系统向不同方向演化。网络零售商的单独讲诚信收益、总成本等的变化对网络零售商策略会产生一定的影响。平台提供商对失信网商的惩罚力度越大，对失信网商的震慑作用越大，但并非平台治理参数值越大越好。

总之，随着平台产业的发展，平台数目较多，使得平台之间的竞争日趋激烈，平台提供商只有不断提高技术服务水平和平台治理能力，提高平台市场的公信力，创造一个秩序井然的网络生态环境，才能促进网络零售市场的健康有序发展，这不仅对平台提供商长期发展有利，而且对网络销售商也同样有利。

第9章　结论与展望

9.1　结　　论

电子商务的飞速发展，网络零售市场的不断扩大，不仅丰富了人们的生活，而且作为一种新兴产业在我国国民经济结构中具有十分重要的地位。网络零售市场便利性的特点，使得消费者可以方便地浏览和购买各种商品。我国以购物平台为基础的网络零售业在近些年获得了长足的发展，由于网络零售市场具有与实体市场不同的特点，这使得它与实体经济中的市场竞争策略不同。因此，在虚拟网络环境下，探索适宜网络销售的产品类型以及其市场销售策略，具有一定的现实意义。

本书以博弈论等为主要分析工具，从供应链视角研究了网络零售的市场竞争策略问题。着重分析了产品的网络销售渠道选择策略问题、同质品的网络市场竞争策略问题、解决同质产品“价格战”的策略方案、异质品的网络零售市场竞争策略、存在再制造品的消耗品网络市场竞争策略问题，以及平台提供商网络市场竞争策略问题等。本书的主要研究结论如下。

(1) 在产品网络零售渠道选择策略研究中，区别于实体渠道和网络渠道的比较分析研究思路。本书从纯网络市场销售渠道研究出发，运用博弈论等方法，对网络市场渠道策略进行分析比较，得出供应链双渠道集中决策是最优策略，并给出了三种渠道、五种渠道策略的优劣的多种排序，由此，厂商可以根据自己的经营战略和经营目标，选择适宜的渠道策略参与市场竞争。

（2）在同质品的网络零售市场竞争策略研究中，通过对制造商和网络零售商组成的上下游企业之间的竞争分析，运用合作博弈和非合作博弈方法研究发现：供应链集中决策策略优于分散决策策略，集中决策不仅能使供应链获利最多，产品销售量最大，而且使网购消费者获得更低的产品价格，并进一步解释了同质品“价格战”的内在机理，分析了集中决策收益的“合理”分配问题，并提出了一种解决同质品“价格战”的策略方案。

（3）为解决同质品的“价格战”问题，根据网络市场的虚拟性，引入了网络环境下的“流”理论，考察消费者心流体验作为产品水平差异化参数对厂商市场竞争策略的影响。研究表明：水平差异化参数大的产品具有较大的竞争优势，水平差异化参数大的产品，既可以以低价格占领市场，也可以通过控制价格获取更多的利润，因此，其市场控制能力更强。整体来说，整个市场竞争的格局是由竞争双方的产品水平差异化参数的大小决定的。因此，充分利用或创造产品水平差异化特征，进行产品水平差异化竞争是解决同质品“价格战”、提高产品竞争力的重要市场竞争策略。

（4）在异质品网络零售市场竞争策略研究中，通过构建质量凸性参数模型，运用博弈论方法，对质量差异化产品市场竞争情况进行研究，结果表明：产品质量凸性程度值增大，提高产品质量带来的成本增加率减小，无论生产高质量产品的厂商还是生产低质量产品的厂商，都会提高自己产品的质量。通过对比集中决策和分散决策的产品价格、销售量和利润发现，生产低质量产品的厂商不会采取和生产高质量产品厂商合作的策略，因为不合作分散决策可以使生产低质量产品厂商获得更大的市场竞争优势，进而将生产高质量产品的厂商“驱逐”出市场。短期来看，网络市场中存在产品低质量优势，这为生产和销售异质品厂商参与市场竞争提供一定的参考。但是长期来看，由于生产厂商比较重视产品品牌（代表产品质量）的培育，一旦产品品牌效应深入人心，其市场优势就会凸显。随着网络市场的不断发展与完善，高质量产品的市场发展前景广阔。

（5）对于存在再制造品的消耗品网络零售市场竞争策略问题，根据该类产品受其耐用品市场的耐用度和不兼容等问题影响较大的特点，本部分首先从耐用品市场份额确定入手，在耐用品市场份额确定的条件下，从其对应的消耗品两期生产进行分析。通过市场细分分析，研究得出：厂商可以通过一定的价格策略获取更大的收益，但是，消耗品价格并非越高获利越多，尤其是再制造消耗品的价格不宜定得过高，因为价格过高可能导致部分消费者逃逸。因此，这类市场中，对于再制造消耗品适宜以低价格策略占领市场；对于新消耗品，可以选择适宜的价格策略，在满足高品质消费者人群需求的同时获取更多利润。

（6）在平台提供商网络零售市场竞争策略研究中，从平台营利性和平台市场治理水平进行分析。从平台营利性研究中得出：平台可控参数值的提高能有效提高平台的利润水平，而双边用户网络外部性参数值的增大，会在一定程度上削弱平台提供商的利润水平，并将模型放入实际市场中进行修正，使之更符合市场实际。在网络零售商信用缺失的平台提供商治理策略研究中，突破以往静态、完全信息研究的局限性，通过建立博弈方有限理性的演化博弈模型，分析得出：平台市场系统演化过程和稳定策略受系统初始状态影响，网络零售商背叛收益、总成本等参数的变化会对网商市场竞争策略产生一定影响，平台提供商对失信网络零售商治理参数值足够大时（但并非越大越好），对失信网络零售商具有一定的震慑作用。

9.2　展　　望

电子商务作为近年来研究的新领域，有关该领域的文献和研究成果为后续研究提供了一定的基础，但诸多研究较集中于供应链库存管理、逆向供应链管理、供应链协同等方面。鉴于网络零售市场中消费者需求的日益多样化，以及消费者在网络空间话语权的不断提升，网购环境日趋复杂，有关网络零售供应链市场的产品类型、市场渠道选择、不同差异化产品的网络市场反应不同以及网络市场信用缺失的监管等问题，仍然有广阔的研究空间。针对网络零售市场竞争策略问题，未来的研究可以从以下两个方面展开。

（1）本书假设消费者偏好服从均匀分布，这种假设虽然对简化模型和求解提供了便利，但是，也可能造成求解结果过于单一的问题。以后可以尝试消费者偏好服从其他分布形式，如泊松分布、几何分布等，并进一步将几种分布形式的研究结果放在一起进行分析比较，可能会得到更为有意义的研究结论。

（2）本书未考虑物流问题，特别是逆向物流问题，而物流问题也是网络市场中需要考虑的问题，以后尝试进一步将物流和逆向物流问题纳入统一考察的范围。

由于能力所限，本书还有以下不足之处：

（1）本书在模型构建和求解分析中，为了模型更直观地反映所表现的问题，对模型进行了一定的抽象和简化，但这样会丢失一些有用的信息，可能会影响研究结论的普遍适用性。

（2）书中运用了不完全信息、动态分析的方法研究问题，结果具有广泛的适用性，但是，以后尝试更多运用不完全信息的重复博弈方法，或者运用几种博弈方法对问题进行对比分析，可能会得到更多有意义的结论。

（3）另外，为了使理论更好地服务于实践，未来可以考虑通过一定的渠道长期收集网络平台相关销售数据加以分析，以此判断我们建立的模型和研究结果是否与实际相符合，以便进一步修正模型，增强本书研究成果的科学性和实用性。

参考文献

[1] [美] 米哈里·契克森米哈赖. 当下的幸福：我们并非不快乐 [M]. 张定绮，译. 北京：中信出版社，2014.

[2] [美] 朱·弗登博格，让·梯若尔. 博弈论 [M]. 黄涛，译. 北京：中国人民大学出版社，2010.

[3] 蔡兴林，李佩明，张高雅. 基于“新零售”背景下中国体育用品业零售转型与升级研究 [J]. 体育文化导刊，2018 (8).

[4] 曹武军，李新艳. 收益共享契约对生鲜农产品双渠道供应链协调研究 [J]. 江苏农业科学，2014 (11).

[5] 曾敏刚，王旭亮. 需求不确定的双渠道供应链定价策略 [J]. 工业工程，2013 (2).

[6] 陈范娇. 生鲜电商消费者满意度影响因素实证研究 [J]. 商业经济研究，2016 (8).

[7] 陈矩弘，舒仕斌. “互联网+”时代出版业网络直播营销模式研究 [J]. 科技与出版，2018 (3).

[8] 陈松，张大红. 移动互联网背景下市场营销策略创新性研究 [J]. 人民论坛·学术前沿，2018 (7).

[9] 陈炜，田原. 供应链协同理论及研究方法综述 [J]. 物流科技，2018 (12).

[10] 陈远高，刘南. 电子供应链中的渠道选择与协调策略 [J]. 统计与决策，2010 (13).

[11] 陈远高，刘南. 具有服务差异的双渠道供应链竞争策略 [J]. 计算机集成制造系统，2010 (11).

[12] 陈远高. 电子供应链中多渠道协调问题研究 [D]. 杭州: 浙江大学, 2010.

[13] 陈云, 王浣尘, 沈惠璋. 电子商务零售商与传统零售商的价格竞争研究 [J]. 系统工程理论与实践, 2006 (1).

[14] 陈章跃, 王勇, 陈晓旭. 制造商双向公平关切下闭环供应链的竞争分析 [J]. 管理学报, 2018 (5).

[15] 程洁. 电子商务背景下商家营销道德失范问题探析 [J]. 价格月刊, 2016 (7).

[16] 但斌, 徐广业, 张旭梅. 电子商务环境下双渠道供应链协调的补偿策略研究 [J]. 管理工程学报, 2012 (1).

[17] 但斌, 周茂森, 张旭梅. 存在竞争性制造商的集团采购供应链需求预测信息的共享与激励 [J]. 中国管理科学, 2016 (3).

[18] 董甜甜, 鑫熊. 新零售业态下实体书店的服务创新 [J]. 中国出版, 2018 (17).

[19] 杜立婷, 李东进. 购买习惯对新产品选择行为的双重影响模型及实证检验 [J]. 管理学报, 2017 (7).

[20] 范辰, 张琼思, 陈一鸣. 新零售渠道整合下生鲜供应链的定价与协调策略 [J]. 中国管理科学, 2020 (3).

[21] 范林榜, 姜文, 邵朝霞. 电子商务环境下收益共享的生鲜农产品双渠道供应链协调研究 [J]. 农村经济, 2019 (6).

[22] 冯庆水, 张学威. Hotelling 模型均衡结果的重新推导 [J]. 中国管理科学, 2013 (21).

[23] 高洁. 不同渠道权利结构下闭环供应链定价与服务决策 [J]. 统计与决策, 2018 (18).

[24] 高永全, 谭德庆, 高敏. 耐用品垄断厂商易耗部件兼容策略 [J]. 系统工程, 2014 (10).

[25] 龚艳萍, 徐秀. 新兴自发式团购平台中组团规模对消费者参团意愿的影响 [J]. 企业经济, 2018 (10).

[26] 巩永华, 张敏. 基于动态博弈电商平台监管下中小商家

诚信问题研究［J］. 物流科技，2019（4）.

［27］官子力，张旭梅，但斌. 需求不确定下制造商服务投入影响销售的供应链信息共享与激励［J］. 中国管理科学，2019（10）.

［28］郭惠玲. 基于博弈论视角的电商价格战分析［J］. 北京理工大学学报（社会科学版），2014（5）

［29］郭子琪. 试论电商环境营销渠道与传统营销渠道的冲突［J］. 商业经济研究，2016（16）.

［30］何慧爽. 垂直差异化与合谋稳定性关系分析［J］. 技术经济与管理研究，2012（8）.

［31］何平，曹开颖. 基于质保期限和批发价的两制造商竞争问题［J］. 系统管理学报，2016（1）.

［32］侯欢. 跨境 B2C 电子商务税收征管的难题与破解——基于微观、中观和宏观税收公平的思考［J］. 西部论坛，2017（5）.

［33］胡芳，徐赟，詹敏学，等. 中小企业 B2B 电子商务使用行为的探索性研究［J］. 系统管理学报，2017（3）.

［34］胡梦婷，王峰. 基于心流理论的冰上运动 APP 交互设计研究［J］. 大众文艺，2020（6）.

［35］胡文渝. 基于心流体验理论的在线购买意愿研究［D］. 北京：北京邮电大学，2012.

［36］黄甫，宋华明，杨慧，等. 消费者退货的双渠道供应链产量决策研究［J］. 工业工程与管理，2020（1）.

［37］黄孟丽，张玉林. 新零售背景下考虑渠道偏好和需求迁移的零售供应链决策研究［J］. 工业工程与管理，2020（4）.

［38］黄升民，刘珊. 三网融合下的“全媒体营销”建构［J］. 现代传播（中国传媒大学学报），2011（2）.

［39］黄思杰. 生鲜农产品双渠道供应链冲突与协调管理策略［J］. 农业经济，2018（7）.

［40］姜旭，胡雪芹. 基于演化博弈的航空物流基础设施建设

奖惩机制设计 [J]. 管理评论, 2020 (4).

[41] 蒋倩. 美国农产品电子商务模式对中国的启示 [J]. 世界农业, 2015 (10).

[42] 康振宇, 邱立成, 王自锋. 产品质量对出口中间产品市场份额影响研究 [J]. 经济经纬, 2017 (3).

[43] 李芳, 马鑫, 洪佳. 考虑质量不确定的双渠道闭环供应链契约协调研究 [J]. 统计与决策, 2020 (9).

[44] 李锋, 魏莹. 消费者间"无标度"关系网络下的 Hotelling 博弈问题 [J]. 系统管理学报, 2017 (6).

[45] 李卫东, 彭静. 社交网络平台信息传播的回声室效应仿真实验分析 [J]. 现代传播, 2019 (4).

[46] 李彦文, 牛震, 于江涛, 等. 我国电子商务经济税收管理对策研究——以山东工商税务管理实践探索为例 [J]. 山东社会科学, 2018 (6).

[47] 梁喜, 梁伦海. 网络零售商开辟线下渠道的双渠道供应链定价决策 [J]. 财会月刊, 2018 (20).

[48] 林志炳. 基于制造商建议零售价的供应链定价策略 [J]. 计算机集成制造系统, 2020 (4).

[49] 刘晓峰, 黄沛. 基于策略型消费者的最优动态定价与库存决策 [J]. 管理科学学报, 2009 (5).

[50] 刘峥, 徐琪, 汤兵勇. 随机需求下的双渠道供应链联合库存模型 [J]. 上海交通大学学报, 2014 (2).

[51] 刘志, 李帮义, 龚本刚, 等. 再制造商公平关切下闭环供应链生产设计决策与协调 [J]. 控制与决策, 2016 (9).

[52] 陆施予, 李光勤. 税收负担与企业电子商务——来自世界银行中国企业调查数据的经验证据 [J]. 财贸经济, 2018 (7).

[53] 罗新星, 陈元元. 基于策略消费者风险偏好行为的供应链定价研究 [J]. 经济与管理评论, 2018 (5).

[54] 吕玉明, 吕庆华. 消费者视角的网络零售地域影响因素

研究综述［J］. 外国经济与管理，2013（8）.

［55］马东升，宋华明，黄甫. 产品质量差异化背景下基于行为的定价策略研究［J］. 工业工程与管理，2019（11）.

［56］马建华，艾兴政，唐小我. 基于延保服务的竞争供应链纵向渠道结构选择［J］. 系统工程学报，2015（4）.

［57］马士华，王福寿. 时间价格敏感型需求下的供应链决策模式研究［J］. 中国管理科学，2006（3）.

［58］马天玲. 互联网时代我国B2C电商价格竞争策略探讨［J］. 商业经济研究，2017（16）.

［59］马晓霞. 产品同质化与消费个性化的平衡模式探究［J］. 中国高新区，2017（21）.

［60］孟兆平. 中国电子商务法立法基本问题研究［J］. 学习与实践，2016（5）.

［61］蒲勇健，孙衔华. 差价合约市场力抑制效应的Bertrand博弈模型分析［J］. 中国管理科学，2017（5）.

［62］邱晔，刘保中，黄群慧. 功能、感官、情感：不同产品体验对顾客满意度和忠诚度的影响［J］. 消费经济，2017（4）.

［63］曲薪池，侯贵生，孙向彦. 政府规制下企业绿色创新生态系统的演化博弈分析——基于初始意愿差异化视角［J］. 系统工程，2019（6）.

［64］全贞燕，闫冰. 差异化的客户体验是决定质量的核心［J］. 中国质量，2018（1）.

［65］任方旭. 价格竞争视角下同质产业空间集聚的经济学分析［J］. 商业经济研究，2015（3）.

［66］佘碧蓉. 体验经济下基于用户体验和大数据的新零售商业模式探究［J］. 电子商务，2018（2）.

［67］申成然，熊中楷，晏伟. 网络比价行为下双渠道定价及协调策略研究［J］. 中国管理科学，2014（1）.

［68］沈玉忠. “网络售假”的法律应对［J］. 中国流通经济，

2018 (3).

[69] 司银元，杨文胜，刘森，等．考虑消费者网购偏好行为的企业定向优惠券投放策略 [J]. 系统工程，2020 (1).

[70] 苏昊，谭德庆，谭伟．耐用品及其易耗部件耐用度对双寡头企业均衡产量的影响研究 [J]. 世界科技研究与发展，2011 (1).

[71] 苏为华，王玉颖，张崇辉．国外跨境电子商务税收冲击的经济效应——基于 TSO - DSGE 模型的研究 [J]. 统计研究，2020 (1).

[72] 孙蕾，王芳．中国跨境电子商务发展现状及对策 [J]. 流通经济，2015 (3).

[73] 孙喆．电子商务零售商与传统零售商的价格竞争研究 [J]. 现代商业，2019 (31).

[74] 谭德庆，王艳，张翔．耐用品垄断企业产品质保服务和延保服务研究 [J]. 系统工程学报，2019 (4).

[75] 陶安，陈长彬．心流体验影响下用户持续使用企业 APP 的意愿 [J]. 企业经济，2020 (5).

[76] 同淑荣，聂亚菲，梁晓雁．机器人电子商务平台盈利模式研究 [J]. 2018 (17).

[77] 汪敏达，李建标，曲亮，等．相安无事还是轮流坐庄：双寡头动态默契合谋的实验研究 [J]. 世界经济，2019 (7).

[78] 王宝义．"新零售"的本质、成因及实践动向 [J]. 中国流通经济，2017 (7).

[79] 王道平，谷春晓，张博卿．风险规避和信息不对称下双渠道供应链的定价决策研究 [J]. 工业工程与管理，2016 (4).

[80] 王凤飞．电子商务税收遵从的理论分析和路径优化 [J]. 经济与管理，2019 (5).

[81] 王晶晶，刘沛．第三方支付平台对 C2C 电子商务税收征管设计 [J]. 财会通讯，2018 (35).

[82] 王磊，但斌．考虑零售商保鲜和消费者效用的生鲜农产品供应链协调［J］．运筹与管理，2015（5）．

[83] 王琦玮，赵刘威，梅强，等．双寡头 Bertrand 博弈模型动态分析与混沌控制［J］．统计与决策，2017（21）．

[84] 王滔．基于消费者效用的在线渠道决策研究［D］．广州：华南理工大学，2018.

[85] 王天宇，南国芳，陈林．考虑消费者偏好的网络游戏产品动态定价策略［J］．系统工程学报，2019（1）．

[86] 王微微．特色农产品互联网营销模式研究——以四川省为例［J］．农村经济，2018（10）．

[87] 王卫东．法律视域下农村电子商务发展的阻碍因素及应对策略［J］．农业经济，2018（7）．

[88] 王文宾，蔺婉莹，陈梦雪，等．消费者效用视角下双渠道供应链的产品质量研发模式选择研究［J］．中国管理科学，2020（6）．

[89] 王鑫，赵士南，徐海燕．基于冲突图模型的混合渠道供应链两阶段定价模型［J］．工业工程与管理，2019（3）．

[90] 王轩，刘丽文．静态市场下考虑重复购买的价格和质保期联合决策［J］．中国管理科学，2015（4）．

[91] 王轩，刘丽文．考虑维修服务质量的产品质保联合决策［J］．中国管理科学，2016（2）．

[92] 王亚炜．全息数字营销环境下的品牌塑造创新［J］．兰州大学学报（社会科学版），2014（3）．

[93] 王玉燕，申亮．回收处理基金下闭环供应链的多元化主导模式［J］．系统工程理论与实践，2018（10）．

[94] 王珍珍．电子商务企业与第三方物流企业协同发展的动态演化博弈分析［J］．国际商务（对外经济贸易大学学报），2015（3）．

[95] 网络交易平台诚信建设共同宣言［J］．光彩，2016（4）．

[96] 温韬. 移动互联网时代下中国品牌的机遇、挑战与对策 [J]. 当代经济管理，2015 (8).

[97] 文悦，王勇，但斌，等. 电商平台自营和制造商直销的多渠道竞争策略研究 [J]. 中国管理科学，2019 (10).

[98] 吴亮，李国丽. 基于微信平台的个人自媒体营销模式研究 [J]. 企业经济，2018 (1).

[99] 夏立明，迟媛. 电子商务平台下供应链中小企业信用评价指标体系构建 [J]. 电子商务平台下供应链中小企业信用评价指标体系构建，2015 (5).

[100] 谢波峰. 我国电子商务税收政策与管理的完善 [J]. 税务研究，2018 (7).

[101] 谢奉君. 电子商务平台对中小企业融资的信用担保机制分析 [J]. 经济体制改革，2015 (9).

[102] 谢家平，陈婉雪，梁玲，等. 基于广告投入的闭环供应链渠道冲突下契约协调优化 [J]. 统计与决策，2017 (2).

[103] 谢庆华，黄培清. Internet 环境下混合市场渠道协调的数量折扣模型 [J]. 系统工程理论与实践，2007 (8).

[104] 谢申祥，王孝松. 垂直产品差异、外国企业纵向控制与研发政策 [J]. 世界经济研究，2010 (9).

[105] 谢识予. 经济博弈论（第三版）[M]. 上海：复旦大学出版社，2012.

[106] 徐兵，朱道立. 具有网络外部性的扩展 Hotelling 模型 [J]. 管理科学学报，2017 (1).

[107] 徐广业，蔺全录，孙金岭. 基于消费者渠道迁徙行为的双渠道供应链定价决策 [J]. 系统管理学报，2019 (2).

[108] 徐杰，李果林. 风险收益动态视角下政府与社会资本合作演化博弈分析 [J]. 软科学，2020 (5).

[109] 徐青，孙倩芸，张依，等. 动态定价团购模式下消费者参团行为研究 [J]. 商业经济与管理，2016 (10).

[110] 许传永，苟清龙，周垂日，等．两层双渠道供应链的定价问题［J］．系统工程理论与实践，2010（10）．

[111] 许民利，聂晓哲，简惠云．不同风险偏好下双渠道供应链定价决策［J］．控制与决策，2016（1）．

[112] 阳银娟．网络营销能力对企业创新绩效的影响研究［J］．科研管理，2017（5）．

[113] 杨家权，张旭梅．考虑零售商策略性库存的双渠道供应链定价及协调［J］．系统管理学报，2020（1）．

[114] 杨坚争，齐鹏程，王婷婷．“新零售”背景下我国传统零售企业转型升级研究［J］．当代经济管理，2018（9）．

[115] 杨琨，杨伟．“网络直播＋”移动互联网影响下的品牌营销新模式［J］．出版广角，2017（10）．

[116] 杨路明，陈文捷，罗裕海，等．客户关系管理（第二版）［M］．重庆：重庆大学出版社，2014.

[117] 杨亚，范体军，张磊．新鲜度信息不对称下生鲜农产品供应链协调［J］．中国管理科学，2016（9）．

[118] 杨在军，马倩瑶．共享单车用户机会主义行为的演化博弈分析［J］．管理工程学报，2020（5）．

[119] 姚公安，王晓洁．电子商务运用程度对零售企业税收负担的影响研究［J］．税务与经济，2016（2）．

[120] 叶飞，雷宣云，李怡娜．需求函数假设对供应链协作契约机制设计的影响分析［J］．科技管理研究，2005（12）．

[121] 易余胤，梁家密．不确定需求下具奖惩机制的闭环供应链模型［J］．计算机集成制造系统，2012（9）．

[122] 易余胤，袁江．渠道冲突环境下的闭环供应链协调定价模型［J］．管理科学学报，2012（1）．

[123] 尹爱春．基于博弈模型的C2C电商诚信问题分析［J］．现代商贸工业，2016（17）．

[124] 尹剑峰，叶广宇．“互联网＋”背景下我国同质化企业

间的竞合博弈 [J]. 2017 (6).

[125] 禹爱民，刘丽文. 免费搭车行为对供应链横向竞争的影响 [J]. 中国管理科学，2011 (5).

[126] 张翠华，李慧思. 考虑产品质量差异的制造商入侵决策研究 [J]. 管理工程学报，2020 (4).

[127] 张大斌，杨斯琪，夏有新，等. 一种电子商务环境下耐用品的动态定价模型与策略 [J]. 运筹与管理，2016 (2).

[128] 张洁. 我国电子商务法律规制的缺失及完善路径 [J]. 商业经济研究，2016 (9).

[129] 张凯. 双边市场中用户前瞻性与平台定价策略选择 [J]. 系统工程学报，2018 (5).

[130] 张利，闫帅. 网络零售商定价策略研究——基于顾客估价异质性 [J]. 价格理论与实践，2018 (2).

[131] 张莉. 我国跨境电子商务税收制度的演进与实践 [J]. 中国流通经济，2018 (10).

[132] 张千帆，马宁. 双边市场异业合作网络平台的定价策略 [J]. 运筹与管理，2017 (8).

[133] 张瑞娟. 我国中小企业网络营销服务创新现状及对策研究 [J]. 改革与战略，2015 (9).

[134] 张万民，王振友. 计算机导论 [M]. 北京：北京理工大学出版社，2016.

[135] 张维亚，陶卓民. 基于认知——情绪理论的旅游消费者满意度研究 [J]. 消费经济，2012 (5).

[136] 张伟，仲伟俊，梅姝娥. 伯川德竞争下的混合寡头研发投入 [J]. 系统管理学报，2016 (4).

[137] 张夏恒. 全球价值链视角下跨境电商与跨境物流协同的内生机理与发展路径 [J]. 当代经济管理，2018 (8).

[138] 张旋璇，曹国华. 基于 Bertrand 模型的进口跨境电商备货及定价策略 [J]. 软科学，2017 (10).

[139] 张玉凯. 论C2C型电子商务税收征管的协同治理 [J]. 广西民族大学学报 (哲学社会科学版), 2018 (2).

[140] 赵礼强, 常芮. 考虑消费者搭便车行为的零售商定价策略分析 [J]. 商业研究, 2019 (7).

[141] 赵瑞娟, 周建亨. 考虑信息披露的双渠道供应链两周期定价策略 [J]. 工业工程与管理, 2020 (2).

[142] 赵士南, 徐海燕. 基于GMCR的双渠道供应链价格冲突动态交互模型 [J]. 运筹与管理, 2017 (10).

[143] 赵树梅, 徐晓红. "新零售"的含义、模式及发展路径 [J]. 中国流通经济, 2017 (5).

[144] 周利兵, 钱慧敏. 二元渠道下消费者渠道选择行为研究 [J]. 统计与信息论坛, 2015 (5).

[145] 周霞. 浅析产品同质化的危害及应对策略 [J]. 现代工业经济和信息化, 2016 (6).

[146] 朱梦丽. 消费者主导下的电子商务动态定价模型研究——以eBay为例 [J]. 南方金融, 2015 (8).

[147] 朱晓东, 吴冰冰, 王哲. 双渠道回收成本差异下的闭环供应链定价策略与协调机制 [J]. 中国管理科学, 2017 (12).

[148] 朱玉炜, 徐琪. 考虑消费者时间敏感的双渠道供应链竞争策略 [J]. 计算机集成制造系统, 2013 (6).

[149] 朱玉炜. 基于消费者偏好的双渠道供应链定价策略研究 [D]. 上海: 东华大学, 2013.

[150] 祝虹, 乔石雪, 徐庆. 基于产品垂直差异化的双边市场定价分析 [J]. 商业经济研究, 2018 (3).

[151] 卓越, 王玉喜. 平台经济视野的网约车风险及其监管 [J]. 改革, 2019 (9).

[152] Agrawal D R, Wildasin D E. Technology and tax systems [J]. Journal of Public Economics, 2020, 185.

[153] Alba J, Lynch J, Weitz B A, et al. Interactive home shop-

ping: Consumer, retailer and manufacturer incentives to participate in electronic marketplaces [J]. Journal of Marketing, 1997, 61 (6).

[154] Anand K, Anupindi R, Bassok Y. Strategic inventories in vertical contracts [J]. Management Science, 2008, 54 (10).

[155] Anderson D, Lee H. Synchronized supply chains: The new frontier [J]. Advanced Simulation and control Engineering Tool, 1999, 64 (4).

[156] Antonio T. Stackelberg equilibrium with multiple firms and setup costs [J]. Journal of Mathmatical Economics, 2017, 73.

[157] Arya A, Mittendorf B, Sappingtou D E M. The bright side of supplier encroachment [J]. Marketing Science, 2007, 26 (5).

[158] Bacache B M. Tax competition, tax coordination and e-commerce [J]. Journal of Public Economic Theory, 2018, 20 (1).

[159] Baganha M P, Cohen M A. The stabilizing effect of inventory in supply chains [J]. Operations Research, 1985, 22.

[160] Balasuburamanian S. A strategic analysis of competition between direct marketers and conventional retailers [J]. Marketing Science, 1998, 17 (3).

[161] Bernstein F, Song J S, Zheng X. Free riding in a multichannel supply chain [Z]. Duke University, 2009.

[162] Bester H, Güth W. Is altruism evolutionarily stable? [J]. Journal of Economic Behavior & Organization, 1998, 34 (2).

[163] Beth T, Borcherding M, Klein B. Valuation of trust in open network [D]. Brighton: Springer – Verlag, 1994.

[164] Bhalla R. The omni-channel customer experience: Driving engagement through digitization [J]. Journal of Digital & Social Media Marketing, 2014, 4 (1).

[165] Bichler M, Kalagnanam J, Katircioglu K, et al. Applications of flexible pricing in business-to-business electronic commerce [J].

IBM Systems Journal, 2002, 41 (2).

[166] Bressan A, Jiang Y. On the generic structure and stability of Stackelberg equilibria [J]. Journal of Optimization Theory and Applications, 2019, 183 (3).

[167] Brynjolfsson E, Hu Y J, Rahman M S. Competing in the age of omnichannel retailing [J]. MIT Sloan Management Review, 2013, 54 (4).

[168] Bulow J. Anconomic theory of planned obsolescence [J]. Quarterly Journal of Economics, 1986, 101 (4).

[169] Bulow J. Durable-gools monopolists [J]. Journal of Political Economy, 1982, 90 (2).

[170] Cao J, So K C, Yin S Y. Impact of an "online-to-store" channel on demand allocation, pricing and profitability [J]. European Journal of Operational Research, 2016, 248 (1).

[171] Carlton D, Chevalier J. Free riding and sales strategies for the internet [J]. The Journal of Industrial Economics, 2001, 4.

[172] Carpenter P. EBrands: Building an internet business at breakneck speed [G]. Harvard Business School Press, 2000.

[173] Carpio C E. Implementation of an evaluation frame work for the market maker national network [R]. Federal – State Marketing Improvement Program Agricultural Marketing Service, USDA, 2010.

[174] Cattani K, Gilland W. Boiling frogs: Pricing strategies for a manufacturer adding a direct channel that competes with the traditional channel [J]. Production and Operations Management, 2006, 15.

[175] Chang M. The effects of product differentiation on collusive pricing [J]. International Journal of Industrial Organization, 1999, 9 (3).

[176] Chen H. Exploring Web users' optimal flow experiences [J]. Information Technology & People, 2000, 13 (4).

[177] Chiang W K, Chhajed D, Hess J D. Direct marketing, indirect profits: A strategic analysis of dual-channel supply-chain design [J]. Management Science, 2003, 49.

[178] Chiu W, Cho H. E – commerce brand [J]. Asia Pacific Journal of Marketing and Logistics, 2019 (4).

[179] Chopra S. How omni-channel can be the future of retailing [J]. Decision Sciences, 2016, 43 (2).

[180] Choudhary V, Ghose A, Mukhopadhyay T, et al. Personalized pricing and quality differentiation [J]. Management Science, 2005, 51 (7).

[181] Csikszentmihalyi M. Beyond boredom and anxiety: Experience flow in work and play [M]. San Francisco: Jossey – Bass Publishers, 1975.

[182] Csikszentmihalyi M. The flow experience and its significance for psychology [M]. Cambridge University Press, 1988.

[183] d'Aspremon C D, Gabszewicz J J, Thisse J F. On Hotelling's "stability in competition" [J]. Econometrica, 1979, 47 (5).

[184] Deighton J. The future of interactive marketing [J]. Harvard Business Review, 1996.

[185] Demirkan H, Spohrer J. Developing a framework to improve virtual shopping in digital malls with intelligent self-service [J]. Journal of Retailing & Consumer Services, 2014, 21 (5).

[186] Duan Q, Ma J. A note on optimal industrial policy towards Bertrand homogeneous duopoly [J]. Australian Economic Papers, 2017, 56 (4).

[187] Eppen G D. Effects of centralization on expected costs in a multilocation newsboy problem [J]. Jorunal of the Operational Research Society, 1989, 40 (6).

[188] Fatima W. Digital marketing capabilities in international

firms: a relational perspective [J]. International Marketing Review, 2018, 5.

[189] Fibich G, Gavious A, Lowengart O. Explicit solutions of optimization models and differential games with nonsmooth (asymmetric) reference-price effects [J]. Operations Research, 2003, 51 (5).

[190] Fisher M, Gallino S, Xu J. The value of rapid delivery in omnichannel retailing [J]. Journal of Marketing Research, 2019, 56 (5).

[191] Friberg A, Colombo V, Frydén L, et al. Generating musical performances with director musices [J]. Computer Music Journal, 2000, 24 (3).

[192] Friedman D. Evolutionary game in economics [J]. Economy Erica, 1999, 59 (3).

[193] Geng Q, Wu C, Li K. Pricing and promotion frequency in the presence of reference price effects in supply chains [J]. California Journal of Operations Management, 2010, 8 (1).

[194] Glynatsi N E, Knight V, Lee T E. An evolutionary game theoretic model of rhino horn devaluation [J]. Ecological Modelling, 2018, 389.

[195] Güth W, Peleg B. When will payoff maximization survive? An indirect evolutionary analysis [J]. Journal of Evolutionary Economics, 2001, 11.

[196] Hackner J. Collusive pricing in markets for vertically differentiated products [J]. International Journal of Industrial Organization, 1994, 12 (2).

[197] Hartman B C, Dror M. Optimizing centralized inventory operations in a cooperative game theory setting [J]. IIE Transactions, 2003, 35 (3).

[198] Hartwig R, Inderfurth K, Sadrieh A, et al. Strategic in-

ventory and supply chain behavior [J]. Production & Operations Management, 2015, 24 (8).

[199] He Q, Wang N, Yang Z, et al. Competitive collection under channel inconvenience in closed-loop supply chain [J]. European Journal of Operation Research, 2019, 275 (1).

[200] Hoffman D L, Novak T P. Marketing in hypermedia computer-mediated environments: conceptual foundations [J]. Journal of Mrketing, 1996, 60 (3).

[201] Hollis N. Ten years of learning on how online advertising builds brands [J]. Journal of Advertising Research, 2005, 45 (2).

[202] Hotelling H. Stability in competition [J]. Economic Journal, 1929, 153 (39).

[203] Hu X, Motwani J G. Minimizing downside risks for global sourcing under price-sensitive stochastic demand, exchange rate uncertainties, and supplier capacity constraints [J]. International Journal of Production Economics, 2014, 147 (1).

[204] Huang S, Yang C, Liu H. Pricing and production decisions in dual-channel supply chains when production costs are disrupted [J]. Economic Modelling, 2013, 30 (1).

[205] Huseman R C, Hatfield J D, Miles E W. A new perspective on equity theory: The equity sensitivity construct [J]. Academy of Management Review, 1987, 12 (2).

[206] Jain A, Seshadri S, Sohoni M. Differential pricing for information sharing under competition [J]. Production and Operations Management, 2015, 20 (2).

[207] Javier A, Sanchez T, Javier F, et al. Building brand loyalty in e-commerce of fashion lingerie [J]. Journal of Fashion Marketing and Management, 2017, 21 (1).

[208] Jeffrey F R, John J S. Exploiting the virtual value Chain

[J]. Harvard Business Review, 1995, 12 (11).

[209] Karlin S, Carr C R. Prices and optimal inventory policy [J]. Studies in Applied Probability and Management Science, 1962, 4 (1).

[210] Karray S, Martin H G, Sigué S. Cooperative advertising for competing manufacturers: The impact of long-term promotional effects [J]. International Journal of Production Economics, 2017, 184.

[211] Katz M L, Shapiro C. Network externalities, competition, and compatibility [J]. The American Economic Review, 1985, 75 (3).

[212] Ke S W, Hipel K W, Kilgour D M. Analyzing market competition between Airbus and Boeing using a duo hierarchical graph model for conflict resolution [J]. Journal of Systems Science & Systems Engineering, 2017 (2).

[213] Kir T, Andy A T. Free riding and conflict in hybrid shopping environments: Implications for retailers, manufacturers and regulators [J]. The Antitrust bulletin, 2013, 58 (1).

[214] Klein L R. Evaluating the poential of interactive media through a new lens: Search versus experience goods [J]. Journal of Business Research, 1998, 42.

[215] Kuhn K, Padilla A. Product line decisions and the Coase Conjecture [J]. The RAND Journal of Economics, 1996, 27 (2).

[216] Kuhn K. Intertemporal price discriminal in frictionless durable goods monopolies [J]. Journal of Industrial Economics, 1998, 46 (1).

[217] Lai F C, Tabuchi T. Hotelling meets Weber [J]. Regional Science and Urban Economics, 2012, 42 (6).

[218] LambertinimL, Orsini R. Process and product innovation in a vertically differentiated monopoly [J]. Economics Letters, 2000, 68 (3).

[219] Lee C, Wu J J. Consumer online flow experience [J]. Industrial Management & Data Systems, 2017, 117 (10).

[220] Liu B, Zhang R, Xiao M. Joint decision on production and pricing for online dual channel supply chain system [J]. Applied Mathematical Modelling, 2010, 34 (12).

[221] Liu C C, Chang I C. Model of online game addiction: The role of computer-mediated communication motive [J]. Telematics and Informatics, 2016, 33 (4).

[222] Lu Q, Liu N. Effects of e-commerce channel entry in a two-echelon supply chain: A comparative analysis of single-and dual-channel distribution systems [J]. International Journal of Production Economics, 2015, 165 (1).

[223] Mahapatra S, Levental S, Narasimhan R. Market price uncertainty, risk aversion and procurement: Combining contracts and open market sourcing alternatives [J]. International Journal of Production Economics, 2017, 185 (3).

[224] Mcmillan S J, Hwang J S. Measures of perceived interactivity: An exploration of the role of direction of communication, user control, and time in shping perceptions of interactivity [J]. Journal of Advertising, 2002, 31 (3).

[225] Moorthy K S. Product and price competition in a duopoly [J]. Marketing science, 1988, 7 (2).

[226] Morganti E, Seidel S, Blanquart C, et al. The impact of E－commerce on final deliveries: A alternative parcel delivery services in France and Germany [J]. Transportation Research Procedia, 2014, 4.

[227] Mussa M, Rosen S. Monopoly and product quality [J]. Journal of Economic Theory, 1978, 18 (2).

[228] Nambisan S. Digital entrepreneurship: Toward a digital technology perspective of entrepreneurship [J]. Entrepreneurship Theory

and Practice, 2017, 41 (6).

[229] Narwal P, Nayak J K. Towards a new price discrimination strategy [J]. Asia Pacific Journal of Marketing and Logistics, 2019, 32 (4).

[230] Novak T P, Hoffman D L, Yung Y F. Measuring the customer experience in online environments: A structural modeling approach [J]. Marketing Science, 2000, 19 (1).

[231] Johnson K P, Kim H Y, Mun J M, et al. Keeping customers shopping in stores: Interrelation-ships among store attributes, shopping enjoyment, and place attachment [J]. International Review of Retail Distribution & Consumer Research, 2015, 25 (1).

[232] Örsdemir A, Kemahlıoğlu Ziya E, Ali K, et al. Competitive quality choice and remanufacturing [J]. Production and Operations Management, 2014, 23 (1).

[233] Pace S. A Grounded Theory of the flow experiences of web users [J]. International Journal of Human – Computer Studies, 2004, 60 (3).

[234] Park S Y, Keh H T. Modelling hybrid distribution channels: A game-theoretic analysis [J]. Journal of Retailing and Consumer Services, 2003, 10 (3).

[235] Parlaktürk A K. The value of product variety when selling to strategic consumers [J]. Manufacturing & Service Operations Management, 2012, 14 (3).

[236] Patel C. Successful service retail channel expansions: The roles of technical and brand integration [J]. Industrial Marketing Management, 2014, 43 (1).

[237] Persaud A. Enhancing synergistic innovative capability in multinational corporations: An empirical investigation [J]. Journal of Product Innovation Management, 2005, 22 (5).

[238] Petruzzi N C, Dada M. Pricing and the newsvendor problem: A review with extensions [J]. Operations Research, 1999, 47 (2).

[239] Phang C W, Tan C H, Sutanto J, et al. Leveraging O2O commerce for product promotion: an empirical investigation in Mainland China [J]. IEEE Transactions on Engineering Management, 2014, 61 (4).

[240] Rafael O, David R. A proof of Bertrand's theorem using the theory of isochronous potentials [J]. Journal of Dynamics and Differential Equations, 2019, 31 (4).

[241] Rhee K E, Thomadsen R. Behavior-based pricing in vertically differentiated industries [J]. Management Science, 2013, 63 (8).

[242] Rifat A. Global taxation of gross-border ecommerce income [J]. Virginia Tax Review, 2012, 31 (4).

[243] Rogers D S, Lembke T P S. Going backwards: Reverse logistics trends and practices [M]. Nevada Reno: Reverse Logistics Executive Council, 1999.

[244] Rojas F. A joint replenishment supply model for multi-products grouped by several variables with random and time dependence demand [J]. Journal of Modelling in Management, 2019, 15 (1).

[245] Ross T W. Cartel stability and product differentiation [J]. International Journal of Industrial Organization, 1992, 10 (1).

[246] Saleh R S, Khaneghah M E, Shadnosh N, et al. A mathematical model to adopt B2C ecommerce based on special customer requirement in social values with an emphasis on Islamic beliefs [J]. Journal of Islamic Marketing, 2019, 10 (4).

[247] Salter S. Ecommerce and international taxation [J]. New England Journal of International and Comparative Law, 2002, 8 (1).

[248] Scheer L K, Kumar N, Steenkamp J B E. Reactions to perceived inequity in US and Dutch interorganizational relationships [J]. Academy of Management Journal, 2003, 46 (3).

[249] Shankar V, Bayus B L. Network effects and competition: An empirical analysis of the home video game industry [J]. Strategic Management, 2003, 24 (4).

[250] Siddiqui K, Bashir S, Sarki I H, et al. Intergenerational influences on brand preferences: Consumables vs durables [J]. International Journal of Business and Social Science, 2012, 13 (3).

[251] Stadtler H, Kilger C. Supply chain management and advanced planning: Concepts, models, software, and case studies [M]. Berlin: Springer, 2008.

[252] Subramanian R, Ferguson M E, Toktay L B. Remanufacturing and the component commonality decision [J]. Production and Operations Management, 2013, 22 (1).

[253] Tabuchi T. Urban agglomeration and dispersion: A synthesis of Alonso and Krugman [J]. Journal of Urban Economics, 1998, 44 (3).

[254] Tamatani M, Naito K. High dimensional asymptotics for the naive Hotelling T^2 statistic in pattern recognition [J]. Communications in Statistics – Theory and Communications, 2019, 48 (22).

[255] Tan A, Brewer P, Liesch P. Rigidity in SME export commencement decisions [J]. International Business Review, 2018, 27 (1).

[256] Tanaka Y. Profitability of price and quantity strategies in a duopoly with vertical product differentiation [J]. Economic Theory, 2001, 17 (3).

[257] Thiebaut R. AI revolution: How data can identify and shape consumer behavior in ecommerce [G]. Emerald Publishing Limited,

2019.

[258] Tiwari S, Chandra A, Praveen T, et al. "E - commerce" for India in a developing world: An Int'l trade law perspective [J]. Journal of World Trade, 2020, 54 (1).

[259] Verhoef P C, Kannan P K, Inman J J, et al. From multi-channel retailing to omni-channel retailing: Introduction to the special issue on multi-channel retailing [J]. Journal of retailing, 2015, 91 (2).

[260] Vieira E, Ferreira J. What generic strategies do private fitness centres implement and what are their impacts on financial performance? [J]. Sport, Business and Management, 2020.

[261] Vyacheslav M, Abramov E. Extension of the Bertrand - De Morgan Test and its application [J]. The American Mathematical Monthly, 2020, 127 (5).

[262] Waldman M. A new perspective on planned obsolescence [J]. Quarterly Journal of Economics, 1993, 108 (1).

[263] Wang Q, Hong X, Gong Y Y, et al. Collusion or not: The optimal choice of competing retailers in a closed-loop supply chain [J]. International Journal of Production Economics, 2020, 225.

[264] Webb K, Kevin L. Managing channels of distribution in the age of electronic commerce [J]. Industrial Marketing Management, 2002, 31 (3).

[265] Webstera S, Weng Z K. Ordering and pricing policies in a manufacturing and distribution supply chain for fashion produces [J]. International Jorunal of Production Economics, 2008, 114 (2).

[266] Weiss R M, Mehrotra A K. Online dynamic pricing: Efficiency, equity and the future of E - commerce [R]. Journal of Law and Technolog, 2001.

[267] Whitin T M. Inventory control and price theory [J]. Man-

agement science, 1995, 2 (1).

[268] Yan R, Pei Z. Retail services and firm profit in a dual-channel market [J]. Journal of Retailing and Consumer Services, 2009, 16 (4).

[269] Yazdani A, Cil E B, Pangburn M S. What if Hotelling's firms can mass customize? [J]. Decision Sciences, 2020, 51 (2).

[270] Young L. Price, inventory and the structure of uncertain demand [J]. New Zealand Operations Research, 1978, 6 (2).

[271] Zha X, Zhang J, Yan Y, et al. Comparing flow experience in using digital libraries [J]. Library Hi Tech, 2015, 33 (1).